강승구 고명진 김경화 김나림 김명희 김민주 김보승 김영숙 김이루 김종순
김채완 박미경 박은주 송태순 신시옥 유나훈 유명순 이란자 이숙희 이순자
이은주 이정숙 이춘관 임미정 전복선 정미화 주시연 하영숙

감정 풍경

굳건히 서서 부드럽게 흔들리는 마음의 숲에서

대경북스

1판 1쇄 인쇄 2025년 10월 25일
1판 1쇄 발행 2025년 10월 30일

발행인 김영대
펴낸 곳 대경북스
등록번호 제 1-1003호
주소 서울시 강동구 천중로42길 45(길동 379-15) 2F
전화 (02) 485-1988, 485-2586~87
팩스 (02) 485-1488
쇼핑몰 https://smartstore.naver.com/dkbooksmall
e-mail dkbookss@naver.com

ISBN 979-11-7168-117-4 03810

※ 이 책은 저작권법에 따라 보호받는 저작물이므로 무단전재와 무단복제를 금지하며,
　이 책 내용의 전부 또는 일부를 이용하려면 반드시 저작권자와 대경북스의 서면 동의를 받아야 합니다.
※ 잘못된 책은 구입하신 서점에서 바꾸어 드립니다.
※ 책값은 뒤표지에 있습니다.

들/어/가/는/글

마음의 사계절

　마음은 늘 살아 있고, 끊임없이 움직입니다. 하지만 우리는 종종 그 움직임을 느끼지 못하고 지나쳐 버립니다.
　기쁨, 슬픔, 외로움, 두려움 같은 감정을 기록하지 않으며, 들여다보지 않습니다.
　《감정 풍경》은 그런 마음의 순간들을 놓치지 않고 붙잡아 보는 여정을 담은 책입니다. 이 책은 내 마음의 풍경을 마주하고 자신을 이해하며 평온과 감사, 성장의 감각을 발견하도록 안내합니다.

　글을 쓰는 동안 우리는 내 안에서 묵묵히 살아가는 감정을 만나고, 그 감정이 주는 메시지를 해석하며, 마음을 다독이는 방법을 배웠습니다.
　동화 속 이야기를 만들고, 시로 감정을 표현하며, 미래일기를 남기고, 감사에게 편지를 쓰는 과정은 단순한 글쓰기가 아니라 마음을 풍요롭게 하고 삶을 더 깊게 느끼는 경험이 되었습니다.

1장 바라보기 : 마음의 풍경

1장은 마음 속 숨겨진 장면들을 조용히 관찰하며, 내 안의 다양한 감정을 알아차리는 시간을 다룹니다.

동화 쓰기 과정을 통해 우리는 무거운 감정을 억누르지 않고 글로 풀어내며, 그 안에서 자신을 이해하고 위로하는 방법을 배웁니다. 나를 힘들게 하는 감정도 마음의 일부임을 깨닫고, 그 감정들과 친구가 되어 천천히 마음의 평온을 찾습니다.

바라보기의 과정 속에서 우리는 혼자가 아님을 알고, 삶의 무게 속에서도 중심을 잃지 않는 힘을 얻습니다.

2장 알아차리기 : 엄마의 풍경

2장은 오래된 마음의 풍경, 엄마를 떠올리는 시간입니다. 우리는 함께 시를 쓰며, 말로 표현하지 못했던 감정들을 담아 보았습니다. 그동안 미처 느끼지 못했던 엄마의 사랑, 노력, 걱정을 다시 발견하고 나 자신이 느끼는 서운함과 외로움도 글 속에서 마주합니다.

알아차림의 과정은 단순히 기억을 떠올리는 것이 아니라, 마음 속에서 온기를 느끼고 관계의 의미를 되새기는 시간입니다. 시를 쓰며 마음의 다리를 놓고, 엄마와 나 사이의 거리를 좁혀가며, 감사와 연민, 사랑을 동시에 경험합니다.

엄마를 알아차리는 여정 속에서 우리는 자신과 타인을 이해하는 힘을 길러갈 수 있었습니다.

3장 깨어 있기 : 부자의 풍경

3장은 마음의 부와 돈, 미래의 나를 상상하는 시간입니다. 미래일기를 통해 부자가 된 나를 그리며, 현재와 연결되는 꿈을 확인합니다. 부자가 된다는 것은 단순히 재물을 갖는 것이 아니라, 풍요로운 마음과 나눔, 감사와 지혜가 함께하는 삶을 의미합니다.

일상의 작은 선택과 습관이 미래를 만드는 씨앗이 되며, 우리는 글을 통해 그것을 발견하고 기록합니다. 깨어 있기의 과정 속에서 마음은 목표와 현실을 조화롭게 바라보고, 꿈을 향한 기대와 설렘을 현재에 녹여냅니다.

　이 장에서 우리는 풍요와 성취가 어떻게 마음에서 비롯되는지 이해하며, 마음을 다스리고 삶의 균형을 잡는 방법을 배웁니다.

4장 흘러가기 : 감사의 풍경

　4장은 감사의 마음을 글로 흘려보내는 시간입니다. 감사에게 편지를 쓰며 과거의 경험과 현재의 소중함, 미래의 희망이 자연스럽게 이어집니다. 힘들고 외로웠던 순간조차 돌아보면 감사로 채워져 있음을 알게 됩니다.

　감사는 특정한 상황에 머물지 않고, 해석과 통찰을 통해 삶 속에서 살아납니다. 손길, 말, 눈빛과 기억까지 모두 감사의 풍경으로 물들이며, 현재를 충만하게 경험하고, 미래로 마음을 잇는 연습이 됩니다. 흘러가기는 삶의 강물에 감사를 싣고 보내는 과정입니다.

　동화, 시, 미래일기, 편지 쓰는 과정을 통해 우리는 마음속 풍경을 보고, 자신의 삶을 깊이 이해하는 순간들을 함께 했습니다.

독자 여러분 또한 삶을 새롭게 발견하고,
평온 속에서 현재를 살며 감사와 함께 미래를 그리는 여정을 걸어가길 바랍니다.

책 쓰기 코치
백미정

차 례

들/어/가/는/글 _ 3

제1장 바라보기 : 마음의 풍경 _ 15

함께니까 · **강승구** _ 17

굴이의 첫걸음 · **고명진** _ 21

행운이의 행복 · **김경화** _ 24

그늘과 햇살사이 · **김나림** _ 27

바위 한 송이 · **김명희** _ 29

사계절의 흐름과 함께 · **김민주** _ 33

이제는 · **김보승** _ 36

푸른 나무의 상상 · **김영숙** _ 38

왕이 된 아기 참새 · **김이루** _ 41

하늘이의 첫 미소 · **김종순** _ 44

구름이의 팔거천 산책 · **김채완** _ 46

둥실둥실 하늘 여행 · **박미경** _ 49
토르의 힘 · **박은주** _ 52
나비의 자유 · **송태순** _ 56
보미는 연주자 · **신시옥** _ 59
복꿀이의 한 발자국 · **유나훈** _ 62
피아노는 알게 되었어요 · **유명순** _ 65
회색빛 꼬리털을 가진 다람쥐 · **이숙희** _ 68
분홍이의 성장 · **이순자** _ 71
하얀 개 공이와 까만 고양이 방울이 · **이은주** _ 75
작은 발걸음 · **이춘관** _ 79
양파의 봄 · **임미정** _ 82
레오의 친구 · **전복선** _ 85
초록이의 야호! · **정미화** _ 88
어른 꽃 · **주시연** _ 91
작은 목소리 큰 용기 · **하영숙** _ 94

제2장 알아차리기 : 엄마의 풍경 _ 97

감탄 · **강승구** _ 99
내가 만드는 것 · **고명진** _ 100
다름 안의 닮음 · **김경화** _ 101
그대라는 빛 · **김나림** _ 102

외로움도 우리였다 · **김명희** _ 103

끈 · **김민주** _ 104

참 좋다 · **김보승** _ 105

달콤하고 향기로운 · **김이루** _ 106

고마워 언니야 · **김종순** _ 107

엄마께 드리는 헌시 · **김채완** _ 111

하얗고 환한 그리움 · **박미경** _ 113

살구 엄마 · **박은주** _ 115

사무친 사랑 · **송태순** _ 117

주홍빛 침대 · **신시옥** _ 118

열 여섯 살 나는 · **유나훈** _ 120

괜찮아 · **유명순** _ 121

그해 가을 미소는 아렸다 · **이란자** _ 122

엄마가 걸은 길 위에서 · **이순자** _ 124

엄마의 늦가을 · **이은주** _ 127

엄마의 아득함 · **이정숙** _ 130

어머니의 선물, 망각 · **이춘관** _ 131

무언의 유산 · **임미정** _ 133

아기새와 어미 새 · **전복선** _ 134

서로의 침묵 속에서 · **정미화** _ 136

나무 그리고 비 · **주시연** _ 137

접시꽃 엄마 · **하영숙** _ 138

제3장 깨어 있기 : 부자의 풍경 _ 141

새로운 길을 달리다 · **강승구** _ 143

용돈 · **고명진** _ 146

두 가지 권력 · **김나림** _ 148

상속 · **김명희** _ 150

꽃무늬 원피스를 입은 전도사 · **김민주** _ 153

행복 · **김보승** _ 156

사랑의 그림자 · **김종순** _ 159

부자의 그릇, 사람의 그릇 · **김채완** _ 163

변화 · **박미경** _ 166

두 개의 주머니 두 개의 길 · **박은주** _ 168

성공을 꿈꾸는 로맨티스트 · **송태순** _ 171

돈으로 행복을 나누다 · **유나훈** _ 174

그럴지라도 성공했을 때 · **유명순** _ 176

노래하고 춤추고 · **이순자** _ 179

다다티하우스의 시간 향기 · **이은주** _ 182

부러움과 배움 사이 · **이춘관** _ 188

배움으로 일군 삶의 풍요 · **임미정** _ 193

나눔의 마음 · **정미화** _ 196

곱게 될 우리 · **주시연** _ 200

부의 진정한 의미 · **하영숙** _ 202

제4장 흘러가기 : 감사의 풍경 _ 207

우린 참 괜찮은 친구야 · 강승구 _ 209
나의 마음속 숲에서 · 고명진 _ 212
이끔 · 김경화 _ 214
백만불짜리 내 다리 · 김나림 _ 216
멍하니 · 김명희 _ 218
5,000일 그리고 10,000일 · 김민주 _ 220
먼저 미리 언제나 · 김보승 _ 223
지금 너와 · 김이루 _ 225
너였구나 · 김종순 _ 227
백년의 맥, 이어가는 길 · 김채완 _ 230
행복감 만족감 풍요로움 · 박미경 _ 232
이제 나는 안다 · 박은주 _ 235
나의 짝사랑에게 · 송태순 _ 238
강물 그리고 바다 · 신시옥 _ 243
너와 함께한 모든 순간 · 유나훈 _ 246
빛을 따라 걷는 감사의 길 · 유명순 _ 248
나의 두 번째 봄 · 이숙희 _ 251
내 삶의 씨앗 · 이순자 _ 255
이름을 불러 줄 때 · 이은주 _ 258
봄을 닮은 기억 · 이춘관 _ 262

내 마음에 피어난 빛 · 임미정 _ 264
환희에 가득 차 · 전복선 _ 267
동행의 열매 · 정미화 _ 270
은은한 향기를 피우는 꽃 · 주시연 _ 272
감사의 사계절 · 하영숙 _ 275

1장은 우리가 흔히 지나쳐 버리는 마음의 풍경을 조용히 들여다보는 시간입니다. 힘들고 복잡했던 감정, 답답하고 지친 마음을 억누르지 않고 그저 바라봅니다. 동화 속 이야기를 통해 우리는 스스로를 있는 그대로 받아들이는 방법을 배워 나갔습니다. 슬픔과 분노, 두려움과 외로움까지도 마음의 한 부분임을 알아차립니다. 그 감정들을 바라보며, 우리는 천천히 숨을 고르고 평온을 찾습니다. 이 과정에서 우리는 혼자가 아님을 느끼며, 따뜻한 동행을 경험했지요.

'바라보기'는 단순히 관찰이 아니라, 내 안의 풍경과 친구가 되는 여정입니다. 그 길 위에서 마음은 점점 단단해지고, 더 깊은 사랑으로 채워졌습니다.

함께니까

강승구

따스한 햇살 아래,
작고 귀여운 세잎 클로버가 살고 있었어요.
이름은 '세잎'이었지요.
세잎이의 친구들은 '세잎'이라는 발음이 어렵다며
그를 '세이비'라고 불렀어요.

세이비는 산뜻하고 생기 있는 새벽을 참 좋아했어요.
해님이 조심스레 얼굴을 비추고,
시원한 바람이 기지개를 펴게 하며,
깨끗하고 투명한 이슬이 "세수하자." 하고 말을 거는,
그런 새벽 말이에요.

그런데 어느 날, 세이비의 몸에 변화가 찾아왔어요.

"으…, 왜 이러지? 머리가 아프네."
그건 바로, 짜증이었어요.
그날 이후, 세이비는 언제 어디서
짜증이 머리를 뒤덮을지 몰라 겁이 났어요.
"왜 짜증이 나는 걸까?"
세이비는 친구들에게 도움을 받기로 했어요.

저기 언덕 위에 사는 네잎 클로버 '로이'가 말했어요.
"이해하지 못한 것들이 점점 쌓이고, 결국 넘쳐서 그래."
세이비는 속으로 생각했어요.
'잎이 하나 더 많다고 아는 척하는 것 좀 봐.
참나, 무슨 말인지 하나도 모르겠네.'
작은 바위 옆에 피어난 민들레 '프리디'도 말했어요.
"혹시 요즘, 이해 안 되는 일이나 답답한 게 있어?"
세이비는 끝없이 푸르른 하늘을 바라보며
조용히 생각했어요.
'사실 요즘,
왜 나는 개미들처럼 자유롭게 움직일 수 없는지,
왜 로이는 잎이 네 개인지,
왜 하늘은 푸르게 잘 있다가 화가 나서 집에 가버리는지,

도무지 이해가 안 돼.'

그렇게 짜증이 나는 이유를 알고 나니,
짜증이 조금 가라앉았어요.
그리고 조용히 속삭였어요.
"맞아. 여러 가지 이해할 수 없는 일들 때문에
답답한 감정들이 쌓여서 짜증이 났던 거야.
로이의 말이 맞았어.
근데, 로이는 어떻게 알고 있었던 걸까?
역시 로이는 대단한 클로버야.
그리고 내 짜증의 원인을 찾도록 도와준 프리디에게도
감사 인사를 전해야겠다."
세이비는 로이와 프리디에게 감사 인사를 전한 뒤,
조금은 부끄러워 보이는 하늘을 바라보며 말했어요.
"세잎아, 네 감정의 원인을 찾고
그걸 인정할 줄도 아는 여유가 생겼구나.
칭찬해, 그리고 참 기특해."
세잎이는 자신을 향해 처음으로 포근하게 말해 주었답니다.

그날 이후, 세잎이는 감정들이

뽕뽕뽕 하고 생겨날 때마다
그 감정들을 바라봐 주고 이해해 주었어요.
"안녕, 내 친구. 우리 함께 나아가자."
세잎이는 감정들과 친구가 되며,
무엇이든 해낼 수 있을 것 같았어요.

"우린 함께니까."

굴이의 첫걸음

고명진

어느 작은 마을의 깊은 우물 속,
바깥세상을 모르는 개구리 굴이가 살고 있었어요.
굴이는 늘 우물 밖을 올려다보며 생각했지요.
'저 위에는 더 넓고 행복한 세상이 있을 거야.'
굴이는 한 번도 가 보지 못했지만,
그 세상을 꿈꾸는 것만으로도 설레었어요.
결국 굴이는 용기를 내어
우물 밖으로 뛰어올랐어요.

하지만 바깥세상은 굴이가 상상한 것과는
너무 달랐지요.
낯선 곳에서 굴이는 자꾸만 외로워졌어요.
그리고 속으로 물었지요.

'왜 다들 나를 피하는 걸까?'

굴이는 먼저 바깥세상으로 나갔던
친구 금이를 찾아갔어요.
"넌 외로울 때 어떻게 해?"
굴이가 물었어요.
"외로움을 물처럼 흘려보내면 외롭지 않아.
그리고 네가 먼저 말을 걸어보는 건 어때?"
금이가 말했어요.
굴이는 외로울 때마다
그 마음을 물처럼 흘려보냈어요.
그리고 용기를 내어 친구들에게
먼저 다가가 말을 걸었지요.
"나랑 같이 놀래?"
그 순간 굴이는 새 친구도 사귀고,
외로움도 느끼지 않게 되었답니다.

그렇게 굴이는 새로운 친구들과 함께 웃으며 놀았어요.
외로움은 더 이상 굴이를 붙잡지 못했지요.
이제 굴이는 알았어요.

행복은 멀리 있는 게 아니라,
누군가에게 먼저 다가가는
작은 용기 속에 있다는 것을 말이에요.

행운이의 행복

김경화

싱그러운 풀 내음이 가득한 들판 한가운데,
햇살에 반짝이는 네잎클로버 하나가 조용히 피어 있었어요.
클로버의 이름은 '행운이'였어요.

행운이는 밝고 유쾌한 아침을 참 좋아했어요.
햇살이 따뜻하게 몸을 감싸고
바람이 살랑살랑 귓가를 간질이며 지나가는 그 순간,
행운이의 마음은 저절로 웃음을 지었지요.

그런데 어느 날 아침,
행운이에게 작은 변화가 찾아왔어요.
머리는 복잡해지고, 가슴은 콩콩 뛰었어요.
"왜 이렇게 몸이 딱딱하게 굳고 불편할까?"

그건 바로 긴장이라는 감정이었어요.
그리고 그 속엔 짜증도 살짝 섞여 있었죠.

그날 이후,
행운이는 갑자기 또 긴장이 몰려올까 봐
마음이 조마조마했어요.
'왜 나는 자꾸 긴장이 될까?'
'나만 이런 기분이 드는 걸까?'
행운이는 들판 친구들에게
자신의 마음을 털어놓았어요.
바람이 살랑살랑 불며 속삭였어요.
"긴장은 나처럼 금방 지나가. 잠깐 머무는 거야."
햇살은 부드럽게 말했어요.
"나도 아침이면 살짝 떨릴 때가 있어.
그래도 조금씩 퍼져가다 보면 괜찮아지더라고.
그런 감정도 나의 일부라고 생각해."
행운이는 처음으로,
자신의 마음을 알아주는 누군가가 있다는 게 감사했어요.

행운이는 들판 한가운데 서서

긴장이라는 감정을 가만히 바라보았어요.
"긴장아, 너는 잠시 머물다 가는 바람 같아.
내 안에 있지만, 나를 모두 덮을 순 없어."
그 말을 하자 긴장은 조금씩 가라앉았고,
햇살은 조용히 행운이의 마음을 감싸주었어요.

행운이는 속으로 조용히 말했어요.
"나는 지금,
하나님이 주신 따뜻한 사랑 안에 있어.
이 감정들도 괜찮아. 그냥 느껴도 돼."
행운이는 자신에게 처음으로 따뜻한 말을 건넸답니다.

그날 이후, 행운이는 감정이 찾아올 때마다
이렇게 말했어요.
"와도 괜찮고, 머물러도 괜찮아.
나는 나답게 있을게."
그리고 이제,
흔들리던 마음결을 따라 걸어온 끝에서
행운이는 조용히 자신을 안아줄 수 있는
진짜 행운이가 되었답니다.

그늘과 햇살 사이

김나림

바람이 살랑살랑 부는 새벽시간,
살랑이가 나타났어요.
살랑이는 그늘과 햇볕 사이를 좋아해요.
나뭇잎과 건물 틈 사이로
들어오는 햇볕이 무척 좋았죠.

어느 날 저녁이었어요.
살랑이는 머리가 아파지기 시작했어요.
"왜 또 왔어?"
또, 불안이가 찾아왔나 봐요.
살랑이는 불안이가 계속 머릿속에 있을까 봐 싫었어요.

그래서 길을 걷기로 했지요.

얼마나 걸었을까요.
파란 나비가 살랑이 어깨에 앉았어요.
"난 불안이가 찾아올 때 숲속을 산책해.
그러면 감사가 옆에 와서 나를 안아주더라고."
그리고 토끼 친구들도 깡충깡충 살랑이와 함께했어요.
"나도 그런 순간이 있어.
그럴 땐 내가 좋아하는 걸 하면 사라지더라."

살랑이는 나뭇가지 위에 올라앉았어요.
"불안아, 안녕? 너였구나. 계속 모른 척해서 미안해.
이제는 내 옆에 있어도 괜찮아."
살랑이의 포근한 말에 불안은 살짝 미소를 지으며 사라졌어요.
"살랑아, 있는 그대로 나를 바라볼 수 있는
용기와 여유가 생겼구나.
대견하고 고마워. 사랑해."
살랑이는 자신을 사랑하고,
평온하게 있는 그대로 바라볼 수 있게 되었어요.

그날 이후, 살랑이는 감정들에게 말했어요.
"나에게 와 줘서 고마워."

바위 한 송이

김명희

하늘 높은 줄 모르고 쭉쭉 뻗은 소나무 아래, 바위가 살고 있었어요. '무심이'라는 이름으로 불렸어요. 무심이는 사람을 좋아하지 않았어요. 헉헉거리는 사람, 아고아고거리는 사람, 모두가 자신을 밟고 가니까요.

어느 날 아침, 갑자기 심장이 조여 왔어요.
"뭐지! 왜 이러지?"
아무리 주위를 둘러봐도 사람이 보이지 않았어요.
"도대체 그 많던 사람들은 다 어디로 간 거야? 개똥도 약에 쓰려면 없다더니."
무심이는 언제 또 그럴지 몰라 걱정이 되었어요.
'나에게 무슨 일이 일어난 걸까?'
무심이는 처음으로 친구들에게 도움을 구하기로 했어요.

가장 먼저 큰 소나무 '다정이'가 내려다보며 말했어요.

"많이 놀랐겠다. 지금은 어때?"

다정이에 이어 작은 꽃 '친절이'가 올려다보며 말했어요.

"오랫동안 조용하더니 그런 일이 있었구나! 혼자서 무섭진 않았어? 또 그럴까 걱정된다고 지금이라도 말해줘서 고마워. 네가 원한다면 도와줄 테니 이유를 알아보고 방법도 찾아보는 건 어때?"

무심이는 친구들에게 뭐라 대답해야 할지 몰라 가만히 있었어요. 친절이가 다시 말을 건넸어요.

"괜찮아, 무심아. 말하고 싶을 때 하면 돼. 우리는 언제나 네 곁에 있으니까."

무심이는 왜 대답을 못 하고 있었는지를 가만히 생각해 보았어요. 그랬더니 먹구름 '변화'가 살포시 나타나서는 이렇게 말했답니다.

"무심아, 미안해. 너를 만나면 안 되는 줄 알았어. 그래서 외면했고 무시했어. 이번에는 잠시만 있다 가도 될까? 친절하고 다정한 친구가 있는 네가 부러워. 나도 친구가 있어. 그런데 대부분 날 싫어해. 한 명은 번개 '우당탕'이고, 다른 한 명은 소나기 '주르륵'이야. 한 명이 더 있는데 이 친구는 정말 귀찮아. 내 뒤만 졸졸 따라다니거든. 그 친구는 햇살

'성장이'라고 불러. 어머, 어떡해? 내가 말을 너무 많이 했구나! 잠깐 있으려던 게 길어졌네. 그만 가야겠다. 다음에 또 만나면 그때는 네가 먼저 반갑게 나를 맞이해 주길 부탁해도 될까?"

먹구름은 혼자서 한참을 이야기하더니 언제 갔는지 모르게 사라졌어요. 그 뒤로 먹구름이 귀찮아했던 햇살 '성장이'가 나타났답니다. 그리고는 한참을 머무르더니 무심이에게 귓속말을 건넸어요.

"무심아, 고개를 돌려봐."

무심이가 고개를 이리저리 돌려보더니 깜짝 놀라며 소리를 질렀어요. 큰 소나무 다정이와 작은 꽃 친절이 사이에 낯선 누군가가 모여 있었거든요. 그들은 모두 같은 이름표를 붙이고 있었어요. '함께'라는 이름으로, '사랑'이라는 손을 내밀었답니다.

무심이는 드디어 알았어요. 다정이와 친절이가 변화 먹구름을 불렀고, 번개와 소나기 덕분에 무심이의 몸과 마음이 깨어났다는 것을요.

그날 이후 무심이는 먹구름을 기쁘게 맞이했고, 햇살은 버선발로 나가 환영했으며, 함께하는 친구들에게 자주 이런 말을 하게 되었답니다.

"나는 지금도 결점투성이야. 그래도 괜찮아. 우리는 함께니까."

무심이는 더 이상 무뚝뚝한 바위 한 덩이가 아닌, 들풀 친구와 어우러진 바위 한 송이가 되었답니다.

사계절의 흐름과 함께

김민주

하얀 눈이 내리는 겨울,
희망이가 바들바들 떨고 있어요.
희망이는 따뜻하고 포근한 공간을 좋아해요.
'고소한 김밥 냄새가 나를 부르고,
무엇이든 내 마음대로 할 수 있는 따뜻한 방이 있으면
참 좋겠어.'라고 생각했지요.

"희망아, 왜 그래? 갑자기 온몸이 떨려."
희망이의 친구, 배려가 말했어요.
"몰라. 또 두려움이 찾아왔나 봐."
"그렇구나. 희망아, 두려움이 오면
너는 어떤 기억이 떠올라?"
희망이는 눈을 감고 생각했어요.

낯선 공간이 두려운 희망이는 바람과 구름을 찾아갔어요.
"두려울 땐 큰 소리로 노래를 불러봐. 그럼 잊히더라."
역시 바람다운 답이었어요.
"몽글몽글 행복한 기억을 떠올려.
네가 주인공인 영화 한 편 찍어볼까?"
구름의 말에 희망이는 "내 친구 최고야!" 하고
양쪽 엄지 손가락을 보여 주었어요.

희망이는 큰 소리로 외쳤어요.
"두려움아, 나 너랑 친구 하기 싫어.
그러니까 자주 오는 건 사양할게."
희망이의 말에 두려움은 대답했어요.
"나도 너한테 좋아서 오는 게 아니야.
네가 너무 잘나가서 세상에서 최고인 줄 착각할까 봐
툭 하고 오는 거야. 내 마음도 모르면서…."
그때 희망이의 마음에 두려움을 향한 고마운 마음이
살짝 스며들었어요.

"지금 이대로도 충분히 괜찮은 희망아.
너무 애쓰지 말고, 즐기면서 살자.

네가 참 대견하고 멋져."
희망이는 사계절을 이겨내며 단단해지고 있어요.
"나는 뭐든지 다 할 수 있는, 운이 좋은 사람이야."

묵묵히 자리를 지키는 희망이는 이제
사람들의 감정 신호등이 되어 주고 있답니다.

이제는

김보승

나는 시원한 에어컨 바람을 쐬며
내 방 의자 위에 앉아 있어요.
나를 웃게 하는 기쁨이, 휴대폰도 함께 말이지요.
기쁨이는 편안하게 쉬는 걸 좋아해요.
하지만 나는 기쁨이가 움직일 때 더 행복해져요.

기쁨이와 한 몸이 되어 신나게 웃고 있을 때였어요.
"그만 좀 해!"
엄마의 잔소리와 함께 짜증이가 찾아왔어요.

"이게 무슨 일이지?"
그 뒤부터 이상한 일이 생겼어요.
휴대폰을 들고 있을 때면,

나도 모르게 엄마의 잔소리가 귓가에 맴도는 것 같았어요.

그래서 나는 기쁨이와 함께
햇살 가득한 바다로 여행을 떠났어요.
파도 소리에 엄마의 잔소리도 함께 사라지는 것 같았어요.
"기쁨아, 바다에 오니까 너무 좋아. 우리 둘 목소리만 들려."
내가 속삭이자 기쁨이는
자기를 좋아해 주는 사람이 있어서 신이 났어요.
기쁨이가 말했어요.
"그래도 나는 네가 부러워.
너를 걱정해 주는 사람들이 있으니까.
그리고 너는 지금도 충분히 행복한 삶을 살고 있어."

그날 이후 나는, 기쁨이와 함께하는 즐거운 순간들이
하나둘 쌓여 갔어요.
그 속에서 스트레스는 파도처럼 사라졌지요.
더 놀라운 일은
가끔 찾아오는 짜증도 이제는 웃으며 맞이할 수 있는
여유가 생겼다는 것이었어요.

푸른 나무의 상상

김영숙

여름 방학이 되었어요.
시골버스가 덜커덩 소리를 내며
고향마을 어귀에 멈추었어요.
내가 발을 디딘 곳 근처,
푸른 나무의 잎사귀가 바람에 흔들리며
파도처럼 자유를 그리고 있었어요.
참 예뻤고 참 든든해 보였어요.
나는 푸른 나무를 한참동안 바라보았어요.

그런데 웬일일까요.
푸른 나무에게 조급함이라는 감정이 갑자기 찾아왔어요.
"어? 내가 부르지도 않은 감정이 찾아왔네."
푸른 나무는 당황했어요.

그리고 푸른 나무는 빛을 잃어 가는 것 같았어요.
나는 푸른 나무를 도와주고 싶었지만 방법이 생각나지 않아,
조금 더 지켜보기로 했어요.

시무룩해진 나무는 자신을 찾아온 바람과 햇살을
물끄러미 쳐다 보았어요.
바람이 나무에게 말을 건넸어요.
"나무야. 조급함이라는 감정은 나를 닮은 것 같기도 해.
그래서 내가 잘 안단다. 조금 있으면 흘러 갈 거야."
곧이어 햇살이 따스한 미소와 함께 말했어요.
"난 언제나 네 편이야.
네가 어떤 감정과 함께하든 너를 응원할 거야."

친구들의 위로에 푸른색을 조금씩 찾아가던 나무가
조급함에게 말했어요.
"조급함아. 아직은 네가 편안하지 않아.
하지만 이제 너랑 함께할 수 있을 것 같아."
그러자 조급함이 햇살의 미소를 흉내내며
나무에게 안녕의 인사를 건넸어요.

그 뒤, 푸른 나무는 자신에게 다가오는 감정 친구들에게
이렇게 말을 했어요.
"언제든지 와. 너희들을 하나씩 천천히 받아줄게.
우리 함께 성장하자."

푸른 나무는 한 번도 본 적 없지만
자신이 가지고 있는 자유를 닮았다는 바다가
어떤 모습일까 상상하고 있었답니다.

왕이 된 아기 참새

김이루

아파트 단지 작은 공원 안에 있는 참나무 가지 위,
짹짹짹 귀여운 아기 참새가
형과 함께 엄마를 기다리고 있었어요.
아기 참새는 지금처럼 엄마를 기다리는 시간이 좋았어요.
왜냐하면, 엄마가 물어오는 맛있는 먹이를 먹는 것이
행복하기 때문이에요.

평소처럼 먹이를 먹던 어느 날 아침,
아기 참새는 평소보다 적은 먹이를 보고 짜증이 났어요.
'오늘은 왜 이렇게 먹이가 없지?
이러면 배부르게 못 먹잖아!'
아기 참새는 형의 먹이를 뺏어 먹고 싶었지만
엄마한테 혼날까 봐 참았어요.

엄마가 잠시 자리를 비운 사이,
아기 참새는 참나무에게 자신이 짜증 났던 일을 말했어요.
참나무는 대답했어요.
"나는 네 어머니가 먹이를 구하려고
열심히 돌아다니는 걸 봤어.
먹이를 찾지 못하면 슬픈 얼굴을 하시더라.
먹이가 적은 건 다 그럴만한 이유가 있을 거야."
아기 참새와 참나무의 이야기를 듣고 있던
형 참새가 말했어요.
"나도 먹이가 적은 걸 보고 짜증 나서
네 먹이를 뺏어 먹고 싶었어.
하지만 짜증을 표현하거나
내가 하고 싶은 대로 한다고 해서
모든 게 해결되지는 않아."

잠시 후, 아기 참새는
평소에 자주 가던 꽃밭에서 쉼을 얻으며
자신에게 조용히 말했어요.
"나는 짜증 날 때 짜증 낸다고 해결되지 않는다는 걸 알았어.
더 좋은 방법을 찾을 거야."

그러자 아기 참새는 마음이 편안해지는 걸 느꼈어요.
"짜증을 내는 것보다 짜증이 나는 이유를
먼저 생각해 볼 수 있게 됐구나. 대단해."
아기 참새는 스스로에게 따뜻한 말로 칭찬했어요.
아기 참새는 자신의 감정을
잘 다스릴 수 있게 되었어요.
"안녕, 나의 감정아?
나는 이제 널 다스릴 수 있어.
너는 내 거니까."

아기 참새는 감정을 다스리는 왕이 된 것 같았어요.

하늘이의 첫 미소

김종순

큰 창문 앞, 작은 세모 지붕 집에는 흰 털이 보들보들한 강아지 한 마리가 살고 있었어요. 이름은 '하늘이'였답니다.
하늘이는 가슴이 뭉클해지는 순간을 맞이하면 다리를 쭉 뻗고 엎드려 꼬리를 살랑살랑 흔들며 하늘을 바라보곤 했지요.

그런데 어느 날, 하늘이는 머리가 아프고 가슴이 두근거렸어요.
"왜 이럴까?"
그건 바로, '걱정'이라는 감정이 찾아왔기 때문이었어요. 며칠이 지나도 걱정은 하늘이를 떠나가지 않았어요.

그날 이후, 하늘이는 또 걱정이 찾아올까 봐 무서웠습니다. 그래서 친구들에게 도움을 청하기로 했어요.

고양이가 말했어요.

"얼마나 힘들까? 내가 다 속상해."

하얀 나비가 말했어요.

"나도 그럴 때가 있었거든. 걱정이라는 감정, 이제는 무섭지 않아. 하나님께서 허락해 주신 감정이니까."

친구들의 말을 들으니, 하늘이 마음속에 뭉클한 감정이 다시 커졌습니다.

"하늘아, 하나님께서 허락해 주신 모든 감정을 바라볼 수 있는 여유가 생겼구나. 정말 축하해."

하늘이는 태어나서 처음으로, 자신을 향해 따뜻한 미소를 지었어요.

"걱정아, 너는 내가 아니란다. 곧 떠나갈 것을 나는 알아."

그날 이후, 하늘이는 여러 가지 감정이 오고 갈 때마다 이렇게 말했어요.

"감정 친구들아, 어서 와. 잘 놀다가, 잘 떠나가렴."

"걱정이 다시 와도 괜찮아. 나는 여유가 생겼으니까."

하늘이는 감정이라는 숲을 지나, 비로소 '나 자신'을 만나는 시간을 마주하게 되었어요.

구름이의 팔거천 산책

김채완

감정은 마음의 구름이래요.

팔거천 물소리는 늘 낮게, 다정하게 흐르고 있었어요.
바람은 풀잎 사이를 살금살금 지나가며 인사를 건넸고,
해는 부드럽게 눈을 뜨며 세상을 깨웠지요.

그 시간, 흰 털이 복슬복슬한 토끼 구름이는
매일 아침 팔거천 둑길을 산책했어요.
몸을 깨우고, 마음을 말갛게 씻기 위해서였죠.

구름이는 특별했어요.
기분이 좋으면 털끝에 햇살이 반짝였고,
슬픈 날엔 눈망울에 작은 이슬이 맺혔어요.

오늘 아침, 팔거천 물살은
평소보다 조금 더 빠르게 흘렀어요.
구름이는 느낄 수 있었어요.

'오늘은 내 마음이 조금 조급한가 봐….'

어제 친구들과 한 약속을 까맣게 잊고,
혼자 놀았다는 이유로
꼬마 다람쥐 '쪼리'가 울고 말았거든요.
구름이는 팔거천 돌다리 위에 앉아 조용히 생각했어요.

'쪼리 마음에도 비가 내렸겠지….
그 마음을 내가 놓쳤구나.'

그때, 물속에서 무언가 반짝였어요.
작은 물고기 한 마리가 고개를 내밀며 구름이에게 말했지요.

"구름아, 강물은 흘러가지만
반짝이는 마음은 다시 돌아올 수 있어.
미안하다는 말은 햇살보다 더 따뜻하단다."

구름이는 다짐했어요.
오늘 아침 산책을 마치고, 꼭 쪼리에게 가서 말하겠다고요.

"쪼리야, 내가 너의 울음을 못 알아채서 미안해.
다시 웃게 해줄게."

그 순간, 구름이의 주위에 햇살이 가득 퍼졌어요.
팔거천 둑길에는 바람도 물소리도,
구름이의 마음을 응원하듯 반짝반짝 빛났답니다.

둥실둥실 하늘 여행

박미경

잠꾸러기 햇님이 잠에서 깨기 전,
연한 주황색 물감이 불그스레 번지는 하늘에
둥실둥실한 구름 '사랑이'가 살고 있었어요.
사랑이는 "아, 잘 잤다!" 하고 만세를 부르며
기지개를 켰어요.
사랑이는 떠오르는 해처럼 방긋 웃으며,
밝고 따뜻하고 빛나는 것을 좋아했어요.
기분 좋은 사랑이는 잠에서 깨어난 친구 햇님과
인사를 했어요.
"안녕, 햇님아!"
햇님이도 "사랑아, 반가워!" 하며 웃으며 인사해 주었어요.
인사를 마친 사랑이는 둥실둥실 떠다니며
친구들을 찾아보기 시작했어요.

그때, 갑자기 평온하던 사랑이의 가슴이
두근거리며 답답해지기 시작했어요.
사랑이는 가슴을 툭툭 두드리며 말했어요.
"가슴이 왜 두근거리고 답답하지? 누가 찾아온 거지?"
그 친구는 바로 '미안이'였어요.
그때 바람이가 룰루랄라 즐겁게 노래 부르며
살랑살랑 지나가다가 말했어요.
"사랑아, 같이 노래 부르자!"
사랑이는 미안이와 함께 바람이를 따라 노래를 부르며
둥실둥실 즐겁게 떠나갔어요.

그러다 멀리까지 간 사랑이는 다리가 아팠어요.
사랑이는 미안이와 함께 큰나무 위에 앉아
잠시 쉬어가기로 했어요.
그러고는 미안이에게 말했어요.
"미안아, 즐겁게 노래 부르고 놀았으니
이제는 헤어져야 할 시간이야. 잘 가, 미안아."
그러자 미안이는 "안녕." 하며 몽실몽실 떠올라 날아갔어요.

"미안이가 다시 찾아와도 괜찮아.

즐겁게 노래 부르며 인사하면 되니까."
사랑이의 가슴은 솜사탕처럼 가벼워졌어요.
사랑이는 더 크게 둥실둥실거리며,
큰 풍선처럼 신나게 하늘 위로 떠올랐습니다.

토르의 힘

박은주

바람을 가르며 씽씽 달리는 나의 아이오닉 전기자동차. 그 아래엔 힘센 바퀴, 이름은 바로 토르였어요. 토르는 영어 tire(타이어)의 소리 표현으로 '힘 있고 단단한 느낌'이라는 뜻으로 이름을 지어줬답니다.

토르는 앞바퀴 친구들과 함께 언덕도 넘고, 굽은 고갯길도, 고속도로도 엄청 잘 달렸어요. 비 오는 날에도, 눈 오는 날에도 슝슝! 부릉부릉! 토르는 누구보다 씩씩하게 굴러갔답니다.

"후훗, 오늘도 우리가 최고야!" 토르는 스스로가 너무 자랑스러웠어요.

자동차 휠에 반짝이는 광채는 토르의 기쁨이고 자부심이었어요. 도로를 미끄러지듯 달리는 그 느낌이 짜릿했어요. 든든하고, 행복하기까지 했죠.

어느 날, 모퉁이를 돌던 순간이었어요.

퍽!

굵은 못 하나가 토르의 몸을 파고들었어요.

"어? 이게 뭐지?"

토르의 안에서 바람이 쉬이익 빠져나가고 몸이 휘청, 힘도 쭉 빠졌어요. 차는 덜컥 멈췄고, 다른 바퀴들은 놀란 얼굴로 돌며 속삭였어요.

"토르가 펑크났어…. 어떡하지?"

당황스러움, 창피함, 서글픔으로 토르는 눈을 감았어요. 아무 말도 할 수 없었어요.

"왜 나한테 이런 일이 생긴거야? 왜 나만 멈춰버린 거야? 나만 쓸모없는 건가…."

토르는 조용히 정비소로 옮겨졌고, 아무도 오지 않는 그곳 구석에 덩그러니 누워 있었어요.

며칠이 흘렀어요. 토르는 점점 희미한 마음에 빠져 버렸어요. 생각이 꼬리에 꼬리를 물었죠.

"다들 새 타이어를 만났겠지? 나 말고도 더 좋은 바퀴는 많으니까. 난 이제 끝이야…."

토르의 마음 속에 외로움이 한가득 밀려들었어요. 그리고 불안이, 질투가, 슬픔이 차례로 찾아왔어요. 토르는 아무 말도 하지 못했어요.

그러던 어느 날, 정비소 문이 덜컥 열렸어요.
"토르야! 괜찮아? 우리가 널 데리러 왔어!"
익숙한 목소리들. 낯익은 타이어 자국. 소중한 친구들이었어요. 토르는 눈을 동그랗게 떴어요. 눈앞이 흐려졌어요. 그리고 "흑흑…. 으아앙!" 감정이 폭포처럼 쏟아졌어요.
"토르 토르…. 울지 마. 우리가 널 두고 어딜 가겠니?"
"네가 없으니 우리도 자꾸 균형이 틀어졌어."
"토르야, 우리는 언제나 함께했고, 앞으로도 함께할 거야. 자, 다시 굴러가자!"

토르는 말을 잇지 못했어요. 뭉클한 고마움과 따뜻한 안도감이 가슴 속에서 파도처럼 넘실댔어요.
"나의 사랑하는 바퀴 친구들아, 정말 정말 고마워."
그 순간, 햇살이 정비소 창문을 가르며 토르와 친구들을 부드럽게 비췄어요.
다시 정비를 마친 토르는 앞바퀴들과 함께 달렸어요. 달리는 길엔 바람이 불었고, 토르의 마음엔 다정한 힘이 깃들었어요. 예전처럼 빨리 굴러가진 않았지만, 이제는 알았거든요.

"혼자 굴러가는 건 달리는 게 아니야. 함께 굴러가야 진짜 바퀴지."

비로소 토르는 진짜 '바퀴'가 되었어요.

나비의 자유

송태순

노랑아, 안녕?
오랜만이야. 잘 지내지?
노랑아, 어디 가니?
항상 여기저기 사라졌다 나타나는 너를 보니
자유롭고 사랑스러워.
옆에 있을 때는 모르다가 어디론가 날아가고 없으면
네가 생각나고, 궁금하고, 보고 싶구나.

그런데 어느 날, 노랑이가 한참 동안 보이지 않았어요.

어디로 날아가고 싶었니, 노랑아?
외로웠구나.
옆에 있어도 몰라 준 엄마가 밉지 않았어?

성당으로, 옆집으로, 스케이트장으로, 놀이공원으로,
어디든 날아갈 수 있는 날개가 있어 다행이다.
지금은 함께 백일홍 꿀 따 먹고,
아스팔트 위로, 산 위로, 같이 있을 때가 그리워.
혼자 힘들진 않았어?
미안함과 후회스러움이 머물지만,
엄마는 지금 이 순간 행복함과 고마움으로
더 힘차게 앞으로 나아가는 노랑이를 응원해.
노랑이가 눈부신 태양 아래 해수욕장에서,
입김마저 얼어 버리는 스키장에서,
마음껏 인생을 즐기고 성장하는 곳이면
어디든 함께 있을게.

노랑아, 보고 싶다.
네가 보고 싶을 때면
초록나비, 빨강나비, 호랑나비들을 만나면서
너랑 함께하고 싶은 곳을 상상하는
행복한 엄마 나비가 될게.
서로가 만나는 날,
싱싱한 날갯짓으로 오래오래 행복하게 보자꾸나.

지금 이 순간 자유롭다.
엄마는 더 이상 외롭지 않아.
새로운 나비들을 찾아서
노랑이가 느낀 그 자유를 만끽할 테니까.

보미는 연주자

신시옥

산 속 작은 언덕에 있는 햇볕 좋은 자리,
제비꽃이 살았어요.
보랏빛 미소가 예뻐서 '보미'라고 불리웠지요.
보미는 아지랑이가 피어오르는 따뜻한 봄을 좋아했어요.
겨우내 얼었던 개울물이 졸졸 노래 부르고,
새싹들이 파릇파릇 피어나는 그런 봄 말이에요.

그런데 어느 날, 보미의 몸에 변화가 찾아왔어요.
"아! 왜 이렇게 으스스하지? 몸이 돌처럼 차갑네."
그건 바로 걱정 때문이었어요.
그날 이후, 보미는 잠을 제대로 자지 못했어요.
'도대체 나에게 무슨 일이 있었던 걸까?'
보미는 친구들에게 도움을 구하기로 했어요.

"나 좀 도와줄래?"
보미가 도움을 청하자 애기똥풀이 말했어요.
"내가 너에게 도움을 줄 수 있다니 기뻐.
감정은 강물과 같다고 생각해.
머물지 않고 흐르니까 말이야."
토끼풀이 말했어요.
"나는 때때로 걱정이 다가오면 가만히 눈을 감고
심호흡을 해. 그러면 걱정이 잠잠해져. 너도 해봐."

보미는 봄볕을 쬐며 읊조렸어요.
"걱정아, 너는 내 안에 있지만 내가 아니구나.
잠시 머물다 갈 나그네일 뿐이란다."
그러자 걱정은 눈 녹듯 사라지고,
보미의 마음이 다시 따뜻해졌어요.
"보미야, 감정을 느끼는 건 살아 있다는 증거야.
하나님이 창조해 주신 모든 감정을
삶 속에서 자연스럽게 표현해 봐."
보미는 자신을 도닥이며 다정하게 말해 주었지요.

그날 이후, 보미는 감정이 오고 갈 때마다

이렇게 말하곤 했어요.
"어서 와. 기쁠 때는 노래 부르자.
슬플 때는 하늘을 보자.
화가 날 때는 무작정 걷자.
즐거울 땐 춤을 추자."

보미는 감정을 잘 느끼고 다루며,
마치 음악을 만들어 내는 연주자가 된 것 같아요.

복꿀이의 한 발자국

유나훈

새벽 6시.
농장의 수탉 후라이드가 아침을 알리자
가장 먼저 일어나는 아기돼지 복꿀이가 있었어요.
복꿀이는 항상 행복했어요.
늘 재미있는 친구들과 맛있는 밥이 있어서 행복했지요.

그런데 오늘은 평소와 조금 달랐어요.
평소에 사이가 안 좋은 친구가
복꿀이를 놀리기 시작한 거예요.
그러자 복꿀이의 마음속 깊은 곳에
또 다른 새 친구가 찾아와 말했어요.
"어서 화내! 싸워! 싸워!"
그 친구의 이름은 짜증이었어요.

복꿀이는 처음 보는 짜증이라는 친구 때문에 두려웠어요.
'내가 화내면 모두가 행복할 수 있을까?'
후회와 화가 한꺼번에 몰려올까 봐 무서웠어요.
복꿀이는 어떻게 해야 할지 몰라
친구들에게 도움을 구하러 갔어요.

농장의 똥개 복덩이가 말했어요.
"나는 짜증이 올 때면 크게 숨을 쉬고 나서
짜증이랑 얘기해."
농장의 나비 나롱이가 말했어요.
"나는 너희들이랑 놀다 보면 어느새 짜증이 사라져 버려."
복꿀이는 농장을 걸으며 짜증이에게 물었어요.
"짜증아, 너는 나를 항상 힘들게 해.
하지만 너의 고민과 나의 고민을 함께 잘 해결해 보자."

그러자 짜증이는 복꿀이의 둘도 없는 친구가 되었어요.
그 이후로 복꿀이는 새로운 감정 친구가 찾아오면
이렇게 말했어요.
"너의 고민은 뭐야?"
그리고 자신도 말했어요.

"나의 고민은 말이야…."

서로의 고민을 털어놓으며 복꿀이는
어른이 되는 길에 한 발자국 더 나아갈 수 있었답니다.

피아노는 알게 되었어요

유명순

어느 화창한 아침,
창밖의 푸른 나뭇가지들이 피아노를 부르듯 손짓했어요.
피아노는 브라운 드레스를 입고
외출할까 고민하는 듯 보였지요.
살랑거리는 바람의 선율을 들으며,
피아노는 가슴이 두근거렸어요.

"너의 가슴이 두근거리는 소리가 여기까지 들려.
무슨 일이니?"
사랑이가 다가와 피아노에게 조용히 물었어요.
"음… 난 말이야, 나의 목소리로
누군가의 마음을 편안하게 만들어 주고 싶어.
그런데 내가 그렇게 멋지게 될 수 있을까 떨리기도 해."

지난 가을날, 피아노는 아주 쓸쓸하고 외로웠어요.
희망이 사라지는 듯, 절망 속에 조용히 웅크리고 있었어요.
왜냐하면 아무도 피아노와 놀아주지 않았기 때문이에요.

사랑이는 피아노에게 말했어요.
"괜찮아. 내가 네 곁에 함께 있는 거, 알고 있지?"
그 순간 피아노의 건반이 아주 천천히 떨렸어요.
그리고 평온함이 가득한 선율이 조용히 흘러나왔지요.
음색들이 춤추듯 울려 퍼졌어요.

사랑이는 눈을 감고 그 소리를 들으며 미소지었어요.
"봐, 내가 네 안에 함께하고 있잖아."
피아노는 부드럽게 대답했어요.
"오늘도 나와 함께해 줘서 고마워.
네가 있어서, 난 다시 노래할 수 있어."
음표들이 춤추며 창밖으로 나가 하늘로 올라가자,
몽실몽실 구름 친구들이 반갑게 맞이했어요.
그리고 맑은 하늘 위에서 작은 음표들이 모여
살며시 하트를 만들었답니다.

그날 이후 피아노는 알게 되었어요.
평온함은 건반에서 흘러나오는 소리만이 아니라,
함께하는 마음 그리고 사랑의 마음에서 시작된다는 것을요.

회색빛 꼬리털을 가진 다람쥐

이숙희

햇살 가득한 봄날 커다란 나무 아래,
멋진 꼬리를 가진 다람쥐가 앉아 있었어요.
'샐리'라는 이름을 가진 다람쥐였지요.

샐리는 재미나고 놀라운 일을 생각할 때
기분이 참 좋아져요.
커다란 나무에 긴 꼬리를 살짝 기댄 채,
따뜻한 햇살을 느끼며 눈을 감았어요.
샐리의 털이 하나하나 빗겨지는 듯한
따뜻한 봄날의 감촉을 느끼면서 말이에요.

그런데 갑자기 저 멀리 회색 빛깔의 작은 구름이 보였어요.
"회색 구름을 보니 내 귀가 가려워.

가슴이 찌릿찌릿, 전기가 통하는 것 같아."
그건 바로 조급함이었어요.

회색 구름을 본 이후로, 샐리는 재미난 일을 상상하다가도
갑자기 조급한 마음이 들까 봐 겁이 났어요.
'회색 구름이 내게 무슨 말을 하는 걸까?'
샐리는 점점 더 궁금해졌어요.

그래서 곰돌이와 토순이를 집으로 초대해
회색 구름에 대해 이야기했어요.
곰돌이가 말했어요.
"회색 구름은 여러 가지 구름 색깔 중 하나일 뿐이야.
흰 구름도 자세히 보면 색이 다 다르잖아."
토순이는 방긋 웃으며 말했어요.
"난 구름 색깔이 여러 가지인 게 좋아.
가끔은 분홍색 구름도 상상해 보거든."

다람쥐 샐리는 높은 나뭇가지에 앉아
두 손으로 가슴을 살살 토닥이며 속삭였어요.
"회색 구름아, 난 네가 회색이어도 좋아.

내가 만드는 아름다운 작품 속에
너의 회색빛도 꼭 필요한 색깔이거든."
그러자 샐리의 가려웠던 귀와 찌릿찌릿했던 가슴이
활짝 펴졌어요.

그리고 샐리는 재미난 상상을 또 하기 시작했어요.
'샐리야, 길고 탐스러운 꼬리에 힘을 주고
저 나무 위로 다시 올라가 보자.'
샐리는 긴 꼬리를 나뭇결에 한 번 스윽 문지른 후,
꼬리 도움닫기를 해서 맞은편 나무 위로 올라갔어요.

그날 이후 샐리는 회색 구름을 볼 때마다
무지갯빛 긴 꼬리를 가진 다람쥐를 상상했어요.
'알록달록한 색깔도 예쁘지만,
우아한 회색빛 꼬리털을 가진 다람쥐는 드물어.
얼마나 멋져?'라고 생각하면서 말이에요.

분홍이의 성장

이순자

초록빛 잔디밭 위, 풀꽃 하나가 햇볕에 반짝이고 있었어요.
이름은 '분홍이'라고 해요.

분홍이는 아침 햇살과 신선한 공기를 좋아해요.
햇살의 따스함과 시원한 바람은
분홍이의 마음을 설레게 했지요.
'오늘은 무슨 일이 있을까?'
'어떤 친구가 나를 만나러 올까?'
늘 설레는 질문을 가졌답니다.

그런데 어느 날 아침,
분홍이는 힘이 없어 일어설 수가 없었어요.
"왜 이러지? 머리도 아프기 시작하네."

그것은 바로 짜증이었어요.

그 날 이후 분홍이는 재미있는 순간에도
짜증이 찾아올까 봐 불안해졌어요.
'왜 나에게 불안함이 생길까?'
분홍이는 곰곰이 생각했어요.

분홍이는 친구들과 감정에 대해 이야기를 나누었어요.
옆에 있던 초롱이가 말했지요.
"분홍아! 감정은 소나기 같아.
소나기는 금방 왔다가 지나가잖아."
빨강이도 이야기했어요.
"나는 기쁜 일이 있어도 우울할 때가 있더라고.
기쁜 감정과 우울한 감정이 내 마음 속에 있지만
그게 불편하지 않아."
친구들이 자신의 생각을 이야기해 주니
분홍이에게 놀라운 일이 일어났어요.
"친구들아! 감정은 다양하구나.
기쁘면 기쁜 대로 우울하면 우울한 대로
감정을 편안하게 바라봐야겠어."

친구들의 진심 가득한 이야기 덕분이야. 고마워.
짜증이 다가올 때 우울할 때 나는 산책을 해야겠어.
그리고 노래를 불러볼 거야!"

분홍이는 하늘을 바라보며 조용히 속삭였어요.
"짜증아, 넌 내 안에 있지만 너는 내가 아니야.
넌 지나가는 손님일 뿐이야."
그러자 짜증은 바람을 타고 멀리 날아갔어요.
분홍이의 마음이 다시 잔잔해졌어요.

"분홍아, 괜찮니? 짜증이 난다고 나쁜 일이 아니란다.
신께서 주신 모든 감정을 받아들일 수 있는
여유가 생겼으면 좋겠어."
분홍이는 스스로 두 손을 가슴에 포개어
토닥토닥해 주었어요.

그 날 이후 분홍이는 감정이 오고 갈 때마다 말했어요.
"불안하고 걱정이 될 때는 조용히 큰 숨을 쉬어야겠어."
"감정아, 어서 와. 나에게 와서 머물다가 가도 괜찮아.
나는 나니까."

분홍이는 감정이라는 숲을 지나 놀이터로 갔어요.
시소, 미끄럼틀, 그네, 다양한 친구들을 보며
분홍이는 생각했어요.
'놀이터에 있는 친구들처럼 여러 감정들이
함께하는 건 당연한 거야.
기뻤던 나도, 짜증났던 나도, 속상했던 나도
모두 다 소중하고 사랑스러운 나야.'

마지막으로 분홍이가 여러분에게 하고 싶은 말이 있대요.
들어줄 거죠?

감정은 그냥 느끼면 되는 거랍니다.
울고 싶을 땐 울고,
말하고 싶을 땐 당당하고 예의 바르게 말해도 되지요.
우리 마음의 이야기를 들어줄
소중한 사람들은 늘 있으니까요.
마음속 구름이 지나가면
다시 햇살이 나를 꼭 안아줄 거예요.

하얀 개 공이와 까만 고양이 방울이

이은주

　시골의 작은 절. 그곳에는 하얀 진돗개 '공이'가 살고 있었습니다. 공이는 스님 두 분과 함께 아침마다 산책을 하고, 낮에는 툇마루 위에서 따뜻한 햇볕을 받으며 낮잠을 즐기곤 했지요. 가끔 찾아오는 손님들이 들고 오는 도시의 맛있는 간식도, 공이에게는 세상에서 가장 특별한 선물이었어요. 모든 게 평화롭고 행복한 나날이었습니다.

　그러던 어느 날, 도시에서 돌아온 스님의 차 문이 열렸어요. 그때 조용히 고개를 내민 까만 고양이 한 마리. 이름은 '방울이'. 도시에서 힘든 생활을 뒤로하고, 이 조용한 절로 오게 된 친구였습니다. 그렇게 공이와 방울이, 두 친구의 인연이 시작되었답니다.

　공이는 처음에 방울이가 싫었습니다. 조용하던 절에 갑자기 나타난 까만 고양이는, 말도 없이 다가와 그의 밥그릇 냄새를 맡고, 툇마루의 햇볕 드는 자리까지 슬그머니 차지하곤 했지요.

"스님, 저 고양이 언제 가요?"

공이는 말은 못 했지만, 눈빛으로 그렇게 묻고 있었습니다. 스님은 웃으면서 말하셨어요.

"공이야, 방울이도 이제 이 집 식구다. 사이좋게 지내야지."

하지만 개와 고양이가 쉽게 친구가 될 수 있을까요? 공이는 방울이가 가까이 오면 고개를 돌렸고, 방울이는 그런 공이 옆을 조용히 지나치기만 했습니다. 스님은 매일 두 친구 사이를 다독이며 중간에서 챙겨 주셨지요.

그러던 어느 날 밤이었습니다. 공이가 마당 한쪽에서 뭔가를 느끼고 으르렁거렸어요. 그때였습니다. 슥—슥슥! 기와 사이로 무언가 빠르게 움직였습니다.

족제비였지요. 공이는 짖으며 달려들었지만, 족제비는 너무 빨랐습니다. 그 순간, 까만 그림자 하나가 번개처럼 튀어올랐습니다. 바로 방울이였습니다.

날렵하게 뛰어오른 방울이는 족제비를 벽 쪽으로 몰고 가

날카로운 발톱으로 휙— 쫓아냈습니다. 공이는 멍하니 그 모습을 지켜봤어요.

그날 이후, 공이의 눈빛이 조금 달라졌습니다. 방울이를 피하던 눈길은 이제 조심스레 방울이에게 머물기 시작했고, 방울이도 공이 곁에 다가와 조용히 자리를 잡았지요.

그리고 어느 비 오는 밤, 공이의 집 안에서 두 친구가 함께 잠든 모습이 스님의 눈에 들어왔습니다. 방울이가 공이의 앞발을 베고 잠들었고, 공이는 그런 방울이 옆에서 조용히 숨을 고르고 있었지요.

어느 날, 스님이 먼 길을 떠나며 말했어요.
"공이야, 방울아. 내가 없는 동안 잘 지켜줘야 해."
그날 밤, 공이와 방울이는 절의 툇마루 위에 나란히 앉아 있었습니다. 산 아래 불빛이 반짝이고, 매미 소리가 고요한 절을 감싸고 있었지요. 서로 꼭 붙어 앉은 두 친구는 멀리서 들려오는 차 소리를 기다렸습니다.
그리고, 부릉— 스님의 차 소리가 들려오는 순간, 공이와 방울이는 꼬리를 흔들며 얼싸안았습니다.
"오셨어, 드디어 스님이 돌아오셨어!"

그렇게 시골 절의 밤은 다시 평온해졌고, 공이와 방울이는 어느새 개와 고양이라는 사실조차 잊은 채 마음을 나누는 가족이 되어 있었습니다.

작은 발걸음

이춘관

　차가운 바람이 불고, 하얀 눈이 소복이 쌓인 깊은 숲속 동굴에 부모를 한 번도 보지 못한 아기 호랑이 마음이가 홀로 살고 있었습니다. 춥고, 배고프고, 심심했던 아기 호랑이 마음이는 어느 날 문득, 동굴 밖 미지의 세상으로 나가 보고 싶다는 생각이 들었습니다. 하지만 동굴 밖 세상은 마음이에게 겁나는 곳이었습니다. 동굴 밖 세상이 검은색인지, 흰색인지, 아니면 회색인지조차 전혀 경험해 본 적이 없었기 때문이었죠. 알 수 없는 두려움이 어둠 속 검은 파도처럼 몰려왔습니다.
　마음이는 발을 떼지 못하고 망설였지만, 결국 용기를 내어 도전해 보기로 결심했습니다. 마음을 단단히 먹었지만 여전히 겁이 났습니다. 그래서 아무도 모르게, 사람들이 모두 잠든 어두운 한밤중에 살금살금 조용히 움직이며, 멀리서 비치는 따뜻한 불빛만을 따라 마을로 내려왔습니다.

드디어 따뜻하고 온화한 불빛이 새어 나오는 한 집 앞에 도착했습니다. 마음이는 두근거리는 가슴을 진정시키며 담장 너머로 집 안을 살폈습니다.

집 안에서는 행복한 웃음소리와 맛있는 음식 냄새가 흘러나왔습니다. 화목하게 저녁 식사를 하고 있는 세 사람이 있었습니다. 아버지, 어머니, 그리고 아들. 세 식구가 함께 웃고 이야기하며 식탁을 둘러앉아 있는 모습이 너무도 따뜻하고 평화로워 보였습니다.

그 모습을 바라보는 마음이의 눈가가 시큰해졌습니다.

'내게도 아버지와 어머니가 있었으면 좋겠어….'

배가 고팠지만 마음이는 선뜻 다가가지 못했습니다. 거절당할까 봐 두려웠습니다. 한참 동안 그 자리에 서서 망설였습니다. 하지만 배고픔은 점점 더 커져만 갔습니다. 마침내 마음이는 아주 작은 목소리로 조심스럽게, 다정한 가족에게 밥을 조금만 달라고 부탁했습니다.

너무 부끄럽고 창피해서 얼굴이 화끈거렸습니다. 그런데 뜻밖에도 그들은 마음이를 무서워하지 않았습니다. 오히려 친절하고 따뜻하게 마음이를 맞아 주었지요.

"어서 와. 배가 많이 고팠지?" 하며 따뜻한 밥을 넉넉히 주었습니다. 마음이는 그 자리에서 허겁지겁 밥을 먹었습니다. 허기가 사라지자 따뜻한 기운이 온몸으로 퍼졌습니다.

마음이는 속으로 깊은 생각에 잠겼습니다. 그동안 두려움과 부끄러움 때문에 동굴 속에만 숨어 있던 지난날의 자신이 떠올랐습니다.
"그래, 나는 두려웠어. 그래서 숨어 있었던 거야. 그리고 너무 부끄러워서 아무 말도 하지 못했어. 하지만…, 이제는 달라질 거야."
마음이는 조용히 스스로에게 속삭였습니다. 두려움이 완전히 사라진 것은 아니었습니다. 하지만 자신을 따뜻하게 품어 준 이들이 있다는 사실만으로도 조금씩 용기가 생겨났습니다. 마음이는 그 따스한 손길을 기억하며, 이제는 자신도 누군가에게 따뜻함을 나누어 주겠다고 다짐했습니다.

눈 덮인 숲속 어딘가, 마음이의 작은 발걸음이 새로운 시작을 향해 또박또박 울려 퍼졌습니다.

양파의 봄

임미정

아직 봄이 오기엔 바람이 차가운 어느 날, 양파 선생님은 창문을 열고 밖을 내다보았어요.
"아이들과 산책을 나가도 될까?"
하지만 걱정이 먼저 들었어요. 혹시 감기라도 걸리면 어쩌나, 부모님 얼굴이 떠올랐거든요.

그때, 배움 텃밭 한쪽에 서 있는 작은 배추 한 포기가 눈에 들어왔어요. 친구도 없고, 엄마 아빠도 없이, 눈이 와도 바람이 불어도 자리를 지키고 있었죠. 양파는 그 모습이 안쓰러워 당장 달려가 꼭 안아주고 싶었어요.

그날 저녁, 양파는 몸이 조금 이상했어요.
"왜 이러지? 또 머리가 지끈지끈하네."

낮에 마음을 불편하게 했던 생각이 다시 떠올랐습니다.
'모두 내 마음 같지 않아.'
'정말 이러다 문을 닫게 되면 어떡하지….'
하지만 양파는 쉽게 포기하지 않았어요.
"그래도 아이들이 웃을 수 있는 곳을 만들고 싶어."
아이들과 부모님을 떠올리며 다시 다짐했어요.
"내가 할 수 있는 만큼 해 보자."
그 뒤로도, 양파는 기분이 괜찮다가도 갑자기 어두운 마음이 찾아올 때가 있었어요. 그럴 때마다 양파는 스스로에게 말했어요.
"기분은 날씨 같아. 금방 지나가고 또 변하잖아."
"어서 와, 잠깐 머물다 가도 괜찮아. 나는 나니까."

어느 날, 양파는 다른 날보다 일찍 출근해 창문을 열었어요. 밝은 햇살이 교실 안으로 들어왔고, 마음속에서 작은 목소리가 들려왔습니다.
"양파야, 마음이 힘들었구나. 그래도 잘 버티고 있네."
그날, 양파는 아이들과 함께 텃밭으로 나갔어요. 햇살을 받은 아이들은 신나게 뛰어다녔고, 양파의 발걸음도 가벼워졌습니다. 배움 텃밭의 작은 배추는 어느새 쑥쑥 자라 있었어요. 가느다란 줄기를 뻗어내더니, 연두색 봉오리가 하나둘 맺혔습니다. 그리고 팡팡 터지듯 노란 꽃을 활짝 피웠지요. 그 옆 땅에서는 노란 민들레도 고개를 쏙 내밀었어요.
"배추도 꽃을 피우는구나. 나도 잘할 수 있겠지?"
양파는 그 모습을 보며 환하게 웃었어요.

그렇게 양파의 마음에도, 텃밭에도 새봄이 찾아왔습니다. 힘든 마음의 숲을 지나온 양파는 이제 여행자가 된 듯 설레었어요. 그리고 속으로 조용히 말했어요.
"그래, 나도 꽃을 활짝 피울 수 있어."

레오의 친구

전복선

봄볕이 베란다를 통해 빛을 쏟아내고 있을 때,
회색빛 윤기 나는 털을 가진 고양이 레오는
그 따스함을 한껏 즐기고 있었어요.
레오는 포근하고 따뜻한 곳을 찾아다녀요.
햇살이 빛나는 베란다 앞에 동그랗게 몸을 말아
식빵 굽는 시간을 즐겨요.
때로는 창문 틀에 날아든 새들의 방문에 장난기가 발동해
점프하며 베란다 창문으로 돌진하기도 해요.

그러던 어느 날, 레오의 마음이 복잡해졌어요.
"왜 이러지? 가슴이 콩닥콩닥하고
머리는 실타래처럼 엉켜버린 것 같아.
머릿속이 하얘져서 어떤 말도 들리지 않고

어떤 생각도 할 수가 없어."
그건 바로 불안 때문이었어요.

그날 이후 레오는 불안이 또 불쑥 나타날까 봐
걱정이 되었어요.
"왜 나는 불안할 때 아무것도 들리지 않고,
생각이 떠오르지 않는 걸까?"
레오는 친구에게 도움을 요청하기로 했어요.
햇살 친구가 레오에게 말했어요.
"감정도 소중한 너의 일부로 여겨주는 건 어때?
너를 힘들게 흔들 때도 있지만,
또 어떤 때는 너를 포근하게 안아 주잖아."

레오는 햇살 아래 앉아 살며시 속삭였어요.
"불안아, 너는 예고 없이 나를 찾아오기도 하지만,
나는 너를 미워하지 않아.
너 또한 내 안에 또 다른 나니까,
너를 잘 보듬고 껴안아 주고 싶구나."
그러자 불안이는 어느새 창밖 참새 등을 타고
햇살을 따라 빠르게 날아갔어요.

그날 이후 레오는 감정이 오고 갈 때마다
그 감정을 잘 들여다보고 이해하곤 했어요.
"불안아, 어서 와.
잘하고 싶은 내 마음이 외면당할까 봐 걱정한 거지?
괜찮아. 너 또한 나이니까."

레오는 감정이라는 창을 넘어
나 자신을 바라볼 줄 아는 승리자가 된 것 같았어요.

초록이의 야호!

정미화

산속 약수터 옆 웅덩이에
개구리 한 마리가 살고 있었어요.
이름은 초록이예요.

톡톡톡 물소리,
살랑살랑 부는 바람,
온몸을 촉촉하게 적셔주는 이곳이
초록이는 참 좋았어요.

그런데 가끔 이곳을 더럽히는 훼방꾼이 있었어요.
몸에 검정 무늬를 가진 검정이예요.
검정이는 나무 열매도 던지고,
웅덩이의 물도 더럽혔어요.

초록이는 검정이 생각만 해도
가슴이 콩닥콩닥 뛰고,
머리도 아프고,
소화도 되지 않았어요.
"왜 이러지?"
초록이는 잠도 오지 않았어요.

그래서 소나무 할아버지를 찾아갔어요.
"할아버지, 어떻게 해야 할까요?"
소나무 할아버지가 말했어요.
"우리 초록이가 이 할아버지를 찾아와 주어 좋구나.
나는 말이야, 좋은 생각과 긍정적인 생각을 가져다주는
추억을 떠올리니 좋았어."
그때 소나무 할아버지에게 놀러 온 참새가 말했어요.
"나는 불안할 때, 온몸을 편안하게 하고 기쁜 노래를 불러."

초록이는 웅덩이 옆, 돌 틈에 앉아 말했어요.
"불안아! 네가 찾아오면 난 기쁘게 노래할 거야.
그리고 불안해하는 내 마음을 위로해줄 거야."
초록이는 소나무 할아버지와 참새 덕분에

자신의 마음을 다독이는 방법을 알게 되었어요.
이런 자신이 너무 자랑스러웠어요.

그날 이후, 초록이는
마음이 가벼워지고,
머리가 맑아지고,
평안해졌습니다.
그리고 밝은 미소로 외쳤어요.
"이제 나는 불안한 감정에 끌려다니지 않을 거야! 야호!"

어른 꽃

주시연

슝슝.
기분 좋은 바람이 부는 어느 봄날,
아름다운 민들레 한 송이가 있었어요.
그 민들레 이름은 '송이'였지요.

송이는 편안한 아침을 참 좋아했어요.
따스한 햇빛이 송이를 안아 주고,
바람이 몸에 있는 작은 구멍을 뚫고 지나가며
시원한 기분을 선물해 주는 그런 아침 말이에요.

그런데 어느 날,
송이는 자기뿐 아니라 다른 식물들에게도 똑같이 잘해 주는
바람과 해가 미워졌어요.

그래서 그들을 무시하고 못되게 굴었지요.

그날 이후, 편안했던 송이의 마음은
조금씩 미움으로 변해 갔어요.
"나에게 잘못한 것도 없는데,
왜 나는 쟤들을 미워하게 된 걸까?"
자신의 마음을 도저히 이해할 수 없었던 송이는
언니인 해바라기를 찾아가 물었어요.
그러자 해바라기가 말했지요.
"감정은 너의 일부란다.
감정을 있는 그대로 인정하고,
그 감정을 지나 펼쳐져 있는 세상을
예쁜 눈으로 바라보는 건 어때?"
송이는 해바라기 언니의 말을 곱씹었어요.
'감정을 인정하라⋯. 내 일부를 인정하라⋯.'

송이는 자기 마음속에 있는 미움에게 속삭였어요.
"미움아, 나에게 나를 인정할 수 있는 기회를 줘서 고마워."
그리고 자기 자신에게도 따뜻하게 말했지요.
"송이야, 이제 너는 너를 인정할 수 있게 되었구나."

정말 대견해."

다음 날, 해와 바람을 다시 만난 송이는
자신의 감정을 이해하고 인정해 보았어요.
그러자 그들이 정말로 아름다운 꽃처럼 보였어요.
그날 이후 송이는 알게 되었답니다.
감정을 이해한다는 건 나를 인정하는 것이고,
그 길이 한층 더 성숙한 어른 꽃으로 자라게 하는
멋진 길이라는 것을요.

작은 목소리 큰 용기

하영숙

동물농장에 조용한 친구, 풀잎이가 살고 있었어요. 풀잎이는 작은 몸집과 조용한 목소리 그리고 늘 수줍은 눈빛을 가진 오리예요. 친구들은 매일 신나게 놀고 이야기했지만, 풀잎이는 친구들에게 말을 걸 용기가 나지 않았어요.

어느 날, 복꿀이가 다가와 웃으며 말했어요.
"풀잎아, 같이 숨바꼭질하자!"
풀잎이는 말없이 고개를 끄덕였지만, 가슴이 두근두근 너무 빨리 뛰어서 숨이 막힐 것 같았어요.
그때였어요. 풀잎이 마음속에서 낯선 친구가 속삭였어요.
"너… 너무 창피하지 않아? 실수하면 친구들이 너를 비웃을 거야."
그 친구의 이름은 바로 쑥스러움이었어요.

풀잎이는 조용히 농장을 걸었어요. 머릿속은 쑥스러움의 말들로 가득했어요.

"왜 나는 이렇게 겁이 많을까? 왜 말하는 게 어려울까?"

그때, 나비 나롱이가 다가와 말했어요.
"풀잎아, 혹시 네 마음속에서 무언가가 '하지 마!' 하고 막고 있니?"
풀잎이는 조용히 고개를 끄덕였어요.
"응…. 그 친구가 자꾸 나를 작게 만들어."
토끼풀을 맛있게 먹고 있던 토순이 언니가 다가와 말했어요.
"그 친구, 혹시 이름이 '쑥스러움'이야? 그 친구는 너를 지켜주려는 마음이기도 해. 하지만 때로는 네 마음을 너무 작게 만들지."

그날 밤, 풀잎이는 하늘을 바라보며 쑥스러움에게 조용히 말을 걸었어요.
"쑥스러움아, 네 덕분에 조심스러워질 수 있었어. 그런데 이제는 조금 더 용기 내보고 싶어. 그러니 우리, 싸우지 말고 친구 하자."

그러자 쑥스러움이 살짝 웃으며 대답했어요.

"정말? 내가 너를 힘들게만 한 줄 알았는데…. 그럼 나도 네가 용기 낼 때 조용히 응원할게!"

다음 날, 복꿀이가 말했어요.

"풀잎아, 같이 숲속 탐험하자!"

풀잎이는 조용히 숨을 들이쉬었어요.

그리고 작지만 또렷한 목소리로 말했어요.

"응! 나도 갈래!"

친구들은 모두 환하게 웃었어요.

그날, 풀잎이는 처음으로 크게 웃으며 놀았고, 쑥스러움도 옆에서 살짝 미소짓고 있었어요. 그날 이후, 풀잎이는 감정을 숨기지 않게 되었어요. 쑥스러움이 올 때면 조용히 속삭여요.

"괜찮아, 네가 온 이유를 알아. 하지만 오늘은 내가 조금 더 용기를 낼게!"

그렇게 풀잎이는 감정과 친구가 되는 법을 배우며 동물농장 친구들과 더 가까워졌답니다.

제2장

알아차리기 : 엄마의 풍경

2장은 내 마음 속 가장 오래된 풍경, 엄마를 향한 시선으로 시작됩니다. 따뜻한 손길과 눈빛, 말없이 전해주던 사랑을 다시 떠올립니다. 차마 말할 수 없었던 서운함과 외로움도 표현해 봅니다. 그 순간순간을 시로 담으며, 엄마의 마음과 나의 마음을 조용히 알아차립니다.

엄마의 기쁨과 고단함, 사랑과 걱정을 내 안에서 느껴보기도 하고요. 시를 쓰는 동안, 엄마와 나 사이의 시간과 거리를 잇는 다리가 생겼습니다. 그 다리를 건너며, 우리는 감사와 연민, 사랑을 동시에 마주합니다.

'알아차리기'는 엄마의 풍경 속에서 내 마음을 깊이 이해하는 여정이 되어 주었습니다.

감탄

강승구

나는 말했고
그대는 베풀었고
우리는 대화했고 베풀었다.

그래서 개운해질 수 있었다.
우리의 뜨거웠던 개운함에 축배를!

내가 만드는 것

고명진

나는 즐거웠고
엄마는 기뻤고
우리는 즐겁고 기뻤다
그래서 시간이 지나면
아쉬울 수 밖에 없다

뭐 어때
즐거움도 기쁨도
내가 만들면 되지

다름 안의 닮음

김경화

엄마는 따스했고
나는 선명했다.

엄마는 환했고
나는 불같았다.

서로 다르게 빛났지만
그 다름 안에
서로를 담고 있었다.

지금은 안다.
그 모든 순간이
엄마였음을.

그대라는 빛

김나림

그대의 아린 삶
그 안에는 행복과 감사를
매 순간 지니고 있어

얼마나
눈부시고
반짝이는지 몰라

외로움도 우리였다

김명희

나는 아팠고
그대도 아팠다

우리는 아픔을 견주는 가족이었다
그래서 외로울 수밖에 없었다

우리의 찬란했던 외로움에게 건배!

끈

김민주

바람은 흔들렸고
나무는 단단했다.
그렇게 우리는 서로의 끈이 되었다.

"너는 잘 할 수 있어.
 엄마는 우리 딸 믿는다."

단단한 나무의 응원이
흔들리는 바람에게 찾아왔다.

빛나는 미래를 위해 우리 함께 달려보자.

참 좋다

김보승

지금 이대로도 충분해.
괜찮아 잘 하고 있어.

힘든 나를 꼭 안아 주면서
부드럽지만 강한 목소리로
응원해 주는 엄마가 참 좋다.

넘치는 사랑을 안겨 주는 엄마
엄마 덕분에 오늘도 웃는 나.

편안한 일상을 마주하면서
엄마에게 말해 본다.
엄마 고마워.
그리고 사랑해.

달콤하고 향기로운

김이루

엄마는 꿀벌
나와 사람들은 꽃
우리는 서로 도움을 주었다

엄마는 꿀벌처럼 열정적으로 글쓰기 강의를 했고
덕분에 우리는 글을 쓰고 꽃의 꿀 같은
책을 냈다

고마워 언니야

김종순

엄마는
당신이 만난 예수님이 너무 좋아서
당신 자식에게도 먹이지 않았던
달걀 꾸러미를 들고
가난한 이웃에게 예수님을 전했다.

내 나이 서른이 넘어
아이를 낳고서야
그 사랑의 의미를 알았다.

쌀가게를 하면서
날마다 가게를 비워놓고 전도하러 다니셨고
손님들이 알아서

물건값을 계산해 주셨다.
엄마는 매일 밤,
눈물로 기도하셨다.
자식을 바라보며,
세상을 바라보며.

난,
이제 알았다.
가난한 자들과 함께하신
엄마의 마음 그리고 믿음이 무엇인지.

난,
기대된다.
예쁜 하늘 문이 열리는 날,
천국으로 눈부시게 들어갈
나의 엄마가.

"고마워, 언니야."

그 말 한마디에

눈시울이 젖고
마음이 조용히 떨린다.
뇌출혈 치매로
나를 언니라 부르는 엄마.

나는
엄마가 차려주셨던
그 음식, 그 손맛을
하나하나 기억하며
정성껏 음식을 만든다.
된장찌개, 장아찌, 물김치, 고등어찌개….
그 시간 속 추억을 담아
엄마 앞에 맛난 음식을 차려 드리면
엄마는 눈물을 흘리신다.

"고마워, 언니야…."

그 눈물 속엔
말로 다할 수 없는
사랑과 세월이 녹아 있다.

엄마에게
그 사랑을
돌려드리고 싶다.

고마워, 언니야!

엄마께 드리는 헌시

김채완

엄마,
당신은 멋진 어부의 아내가 되어
바다가 아름다운 곳으로 시집와,
여섯 남매를 낳고 큰 살림을 일구셨습니다.

검소함을 삶의 빛으로 삼아
헌 옷은 새 옷으로 고치고,
겨울이면 수백 포기의 김치를 담가
이웃과 나누셨습니다.

된장과 고추장은
온 동네를 잔칫집으로 만들었고,
막걸리로 빚은 식초는

집안의 보물이 되었습니다.

백 살을 넘기셔도 총명하셨던 엄마,
마지막 순간까지 막내딸을 걱정하시다
물 한 모금 넘기지 못하고 떠나신 우리 엄마.

엄마를 생각하면
눈물이 저절로 흐릅니다.
그 눈물 속에서 깨닫습니다.
오늘 제가 된장과 간장을 빚고,
한식 명장의 길을 걷는 것은
모두 엄마의 삶과 지혜에서 비롯되었다는 것을.

엄마,
제가 얻은 이름과 영광,
그 모든 것을
존경하고 사랑하는
우리 엄마께 바칩니다.

하얗고 환한 그리움

박미경

여기에도 하얀색
저기에도 하얀색
빙글빙글 둘러보아도 하얀색
하얀 도화지 세상에
예쁜 점 하나가 찾아왔네
이제나 저제나
누가 찾아오는지 기다렸던걸까

막내딸이
얼마나 반가웠던지
아프고 쑤시는 몸과 마음도 뿌리치고
하얀 세상이 엄마의 미소로 밝아지네

화장실 가고 싶다
아 시원하다
후련함도 찾아드네

보고싶고
말하고 싶은
함께이고 싶은
말동무가 필요했나 보다

오늘도
그리운 엄마
당신의 따스함이 가득
고마움이 가득
감사합니다

살구 엄마

박은주

스무 살을 갓 넘긴
어렸던 우리 엄마.
입덧에 귤이 먹고 싶었다던 엄마는
장에 팔러 가던 살구 한 접을 사서
며칠 동안 다 드셨단다.

살구 향을 품은 태아였던 나는
바디워시, 디퓨저, 퍼퓸….
그 향만 나면 마음이 간질간질해진다.

어느 날,
우연히 보게 된 수제 퍼퓸숍,
익숙한 향기에 발걸음을 멈췄다.

엄마가 그리워졌다.
엄마가 먹고 싶었던 귤은
살구가 되었고,
나는 그 살구 향으로
엄마를 기억하게 되었다.

엄마는 알고 계실까
귤을 대신했던 살구 한 접이,
나에겐
당신의 사랑을 처음 배운 향기였음을.

사무친 사랑

송태순

나는 나다움에
그대는 그대다움에
우리는 나다움과 그대다움에 안타까워
차마 말은 못하고
각자의 삶에 대한 애정이 넘쳤음을 압니다.

그대의 정신이 희미해질 무렵
나의 삶도 다르지 않다는 것을 깨닫습니다.
미안함이 목구멍까지 사무칩니다.
우리들의 솔직한 인생을 위하여
더 배우고
더
더
사랑하겠습니다.

주홍빛 침대

신시옥

먼 길 오느라 힘들었지?
잠이라도 편히 자거라.

엄마는
자신의 병실 침대를
나에게
내어 주셨다.

간호사님에게 혼난다고
아무리 말려도 소용이 없었다.

엄마는
기어코

보조 침대에서
주무셨다.

그날 밤
내 가슴에
주홍빛 애틋한 사랑이
선명하게 새겨졌다.

열 여섯 살 나는

유나훈

나는 화가 많았다
엄마는 받아 주었다
엄마는 화가 많은 아들을
항상 받아주었다
그때는 알지 못했다
엄마의 마음이
햇살처럼 따뜻하다는 것을

괜찮아

유명순

젊은 사람 앞날에 상처 주고 싶지 않다.

돈 없어도 괜찮아.

믿음 있고 형제들 우애 있으니 괜찮아.

집 뒤뜰
딸의 출가를 앞두고
막내딸에게 조용히 건네준

명언 중 명언.

그해 가을 미소는 아렸다

이란자

벼 이삭이 누릇누릇 익어가는
9월의 아린 날

시골집 통유리 너머
거실 안에 스며든 햇빛은
넓게 펼쳐진
으름과 다래를
벌려주고 있다

창원으로 돌아서는 나에게
엄마는 손을 흔드신다

"나 괜찮아,

잘 다녀오너라."

아쉬운 미소를 보내신다

죽도록 아프시면서
왜 그러셨을까

걱정되어 돌아서지 못하는
막내딸의 마음을
덜어주고픈
엄마의
사랑과
베풂이었을까

넓게 널어놓은
가을의 과일처럼

엄마가 걸은 길 위에서

이순자

애살 많고
욕심도 많던
나의 어린 시절.
엄마는 그 모습을
가슴 깊이 품으며
마음 아리셨지요.
우리는 고단했고
엄마의 눈길은
늘 서러웠습니다.
그래서,
아플 수밖에 없었지요.

그럼에도 불구하고

엄마는
언제나 사랑이 넘쳐흘렀습니다.
무더운 여름날,
엄마의 머리 위에는
금방 해 온 축하 떡이 올려져 있었어요.
막내딸을 위한 떡,
손수 만들어 부산까지 가져오셨지요.

엄마는 근면하고 성실하셨고,
참을성이 많으셨어요.
딸인 나는 그런 엄마처럼
살아가고자 애썼지요.
말랑말랑하고도
고귀했던 사랑과 인내를
유산으로 물려주셔서
감사합니다.

고된 일을 해내셨던 우리 엄마.
하늘나라 가시는 날까지
일손을 놓지 않으셨어요.

엄마가 걸어오신 그 길,
이제 딸이 이어 걸어요.
세상을 향해
뚜벅뚜벅,
산뜻한 발걸음으로 걸어갈게요.

그 길 끝,
고운 결과 빛이 되어
하늘에서 다시 만나는 날까지
사랑하는 나의 엄마,
그곳에서는 편안하시죠?
사랑해요.
사랑합니다.

엄마의 늦가을

이은주

꽃 같았던 열아홉,
첫 직장을 다니던
늦가을이었다.

늦은 퇴근길,
기찻길 개구멍을 빠져나오는데
서릿발 같은 가로등 아래,
코트를 든 엄마가 서 있었다.

"머 하러 나왔노?"
"시끄럽다, 옷이나 입어라."

행여 밤공기 차가울까

코트를 들고 마중 나와준 엄마와
나란히 걷던 논둑길,
달빛 무거워
고개 숙인 갈대들이
살랑살랑 흔들렸다.

시린 발 끌며 방으로 들어서니
책상 위 갈대가
한 아름 꽂혀 있다.
품에 안기기 어려울 만큼 가득한
갈대.

늦가을 달빛을 머금은 가을이
그날,
내 방 안으로 들어왔다.

이른 아침,
출근 준비에 분주하며
가을도 못 봤다며 툴툴댔던 내 말이
종일 엄마를

개울가로,
논둑가로,
이끌었나 보다.

이젠 엄마는 곁에 없는데,
나는 해마다 갈대만 보면
눈물이 난다.

엄마의 아득함

이정숙

나는 몰랐고
그대는 안타까움.
우리는 몰랐고 안타까웠다.
그래서 아득할 수밖에 없었다.
우리의 사려 깊은 아득함에 박수!

어머니의 선물, 망각

이춘관

어머니는 말씀하셨다
몸을 태워 바람에 흩날리라 하셨다
하얀 뼈가루 되어
먼 바다 위에 사라지리라 하셨다

그토록 많은 세월
고생과 아픔, 억울함과 서운함
그 모든 어두운 기억들
이제는 내려놓고 싶으셨으리라

아,
진정한 잊음이란
망각이라는 이름으로

과거의 문을 닫고
새로운 빛을 맞이하는 것

나의 기억은
상처를 깊이 새기고
번민을 쌓아 무거운 돌이 된다
그래서 용서가 어렵다

그러나 주님은 말씀하셨다
십자가의 보혈로 너를 용서했노라
더 이상 기억하지 않으리라
진정한 망각이 여기 있노라

나도 언젠가 이 세상 떠날 때
세상의 희로애락 모든 것을 흘려보내고
오직 하나님의 사랑만 품고
겸손히
한 영혼의 빛으로
저 하늘 나라에서
새롭게 태어나리라

무언의 유산

임미정

시시때때로
이웃을 보듬는
엄마의 사랑은
정겹고 따스했다

금띠 안경테 아래
펼쳐진 성경
눈은 침침해져도
밝게 빛났다

엄마의 나눔과 사랑
이제야 알겠네
지혜와 영성의 모습
이제야 알겠네

아기새와 어미 새

전복선

나는
둥지에 앉은 아기새.
엄마는
부지런히 먹이를 물어다 나르는 어미 새.

들로 산으로 먹이를 찾아 다니느라
종일 쉴 새 없이 날아 지친 어미 새는
아기새를 돌볼 여유를 잊은 채
깊은 잠으로 치유의 시간을 보낸다.

부르기 마음 아프고,
깨워도 안 될 것 같은
고단한 어미 새의 모습.

아기새는 어미 새에게 하고픈 말을
외로움과 함께 고이 접어둔다.

그렇게 접어두었던 마음을 예쁘게 펼쳐
이제 내 아기새의 이야기를 들어줄 차례.

긴 세월
홀로 감당해낸 어미 새의 고단함에
사랑과 감사를 보낸다.

서로의 침묵 속에서

정미화

나는 몰랐고
엄마는 모르는 척했다
우리는 서로 몰랐고 모른 척했다
그래서 우리는 서로의 아픔을 숨겼다
우리의 아픔이 완전히 치유될 그날을 위해

나무 그리고 비

주시연

나는 나무
엄마는 비

엄마를 만나면
나는 시원해

나무가 먹구름보다 커지면
비를 시원하게 해줘야지

접시꽃 엄마

하영숙

풀잎처럼 여리고
상큼한 사과처럼
맑고 고우신
울 엄마가 많이 아프셔서
호스피스 병동에 입원을 하셨다.

"아이고, 너무 아파요.
좀 살살 해주시오."
가죽꽃이 피어 있는 손등,
혈관을 찾느라 애쓰는 간호사 앞에서
아기가 된 엄마.

"집에 가자,

집에 가고 싶다."
보채는 엄마를 달래다
지쳐서 잠든 밤,
깨어보니 엄마 품속이다.

꿈속에서
접시꽃 심어놓고 기다리시는
외할머니가
엄마를 부르신다.

외할머니 손잡고
꽃마실 떠난 엄마가
접시꽃 되어 피어난다.

제3장

깨어 있기 : 부자의 풍경

3장은 마음의 부와 돈의 풍경을 동시에 그려보는 시간입니다. 미래일기를 통해 부자가 된 나를 상상하며, 현재와 연결된 꿈을 마주합니다.

부자가 된다는 것은 풍요로운 돈뿐만 아니라, 풍요로운 마음도 의미합니다. 내 안의 감사와 나눔, 성실함과 지혜가 어떻게 미래를 빚는지 살펴봅니다. 일상의 작은 선택과 습관이 내 삶의 부를 만드는 씨앗이라는 것도요. 미래를 상상하며 마음은 점점 더 단단해지고, 목표와 현실이 부드럽게 이어집니다.

부자의 풍경 속에서 기대와 설렘을 느낍니다. 부와 행복, 나눔과 성장이 함께 공존하는 우리의 모습을 그립니다. '깨어있기'는 단순히 꿈을 꾸는 것이 아니라, 현재의 나를 깨우고 미래로 나아가는 과정입니다. 그 길 위에서 마음과 삶의 풍요를 품는 방법을 배웁니다.

새로운 길을 달리다

강승구

"엄마가 용돈을 주어야 하는 이유를 말해봐라."

엄마에게 용돈을 달라 할 때마다 들려오는 엄마의 트레이드 마크인 대사였다. 엄마는 내가 용돈을 받아야 하는 이유를 말하게끔 하셨고, 그 이유가 타당하면 용돈을 넉넉하게 주셨다.

부모님께선 나에게 질문하셨다. 용돈을 주기적으로 받고 싶은지 혹은 가끔씩 필요할 때 이야기하고 받고 싶은지. 나는 후자를 선택했다. 그래야 돈을 관리하는 능력이 늘 것 같았다. 그리고 실제로 돈 관리를 잘해야만 했다.

돈이 생기면 바로바로 모았다. 가족여행, 외식, 커피 등 가족들에게 쓰는 돈은 기분이 좋았다. 이후에는 내가 갖고 싶은 물건들이 생기면 집안일을 해서 용돈을 벌고, 시장에서 재료를 구해 액세서리를 만들어 지인들에게 팔아 돈을 채웠다.

  노력해서 원하는 것을 내 손에 넣으니 색다른 만족감을 느낄 수 있었다. 그렇게 나는 먹고 싶은 것을 사 먹고, 조그만 장난감들도 사곤 했다.

'이건 아니야.'
계속해서 불필요한 것들에 지출이 이어지고 있었다.
'절약과 관리가 필요해.'
  이제는 내 모든 수익에서 10%를 저축한다. 그리고 5%는 기부금으로 모으겠다고 다짐했다. 행복한 미래를 상상하며 저금통을 만들었다.

이제 나는 생각한다.
'그럼 어떻게 수익을 내지?'
  나는 미성년자이기에 돈을 벌 수 있는 방법이 제한적이다. 그래서 고민하고 찾다가 한 가지가 떠올랐다. 바로 중고거래. 집에서 사용하지 않지만 상태가 좋은 물건들을 모았다. 지금은 수익을 내는 것보다 성장을 위한 경험이 더 중요하다고 생각한다. 그래서 많은 상품들을 저렴한 가격에 올려

빠르게 여러 번 거래하였다.

그러면서 생각지 못한 문제들도 맞닥뜨려보고 해결해나가며 경험을 쌓았다. 60개 정도의 물건을 팔고 나니 하루 만에 9개의 물건을 예약하거나, 이틀 동안 15개의 물건을 거래했던 날도 있었다.

벌어들인 수익의 10%는 항상 저축했다. 드디어 이 돈으로 그토록 원하던 러닝화 한 켤레를 친구와 함께 장만하였다. 기분이 끝내준다.

이처럼 계속해서 성장하고 또 같이 성장하고자 하는 사람들과 함께 길을 만들어 나가는 멘토로서 나는 2040년 10월, 100억 자산가가 되었다.

인생의 반 이상을 함께한 친구들과 동행하고 있다. 마침 오늘, 기대하던 새 러닝화가 나온다. 친구들과 함께 저축 통장을 열어본다.

용돈

고명진

"용돈을 과자 사 먹는데 다 쓰니까 돈이 모자라지!"

엄마의 52번째 대사였다. 나는 그런 엄마가 무섭기도 하고, 짜증나기도 했다. 그래도 용돈으로 과자를 사 먹을 때마다 그런 감정은 사라졌다.

하지만 언제부턴가 과자도 질렸다. 그래서 예전에 하던 스트레스 해소법을 다시 쓰기 시작했다. 학원이 끝나면 줄넘기를 했다.

'아, 짜증 나.'

내 용돈을 노리는 친구의 진짜 모습을 알고 난 후, 스트레스는 배로 커졌다. 시간이 지날수록 그 친구와 절교하고 싶은 생각도 함께 커져갔다. 과자를 먹는 횟수도 늘어났다.

이제 나는 용돈을 받을 때마다 기쁘다. 하지만 과자를 먹는 횟수는 줄었다. 왜냐하면 이제 그 친구를 대하는 자세도, 용돈을 대하는 자세도 달라졌기 때문이다. 이제 그 친구가 하는 말은 한 귀로 듣고 한 귀로 흘린다. 그리고 용돈은 과자를 사 먹기만 하는 용도가 아니라 다양한 곳에 쓸 수 있는 것임을 깨닫게 되었다.

두 달 뒤, 나는 그 친구와 절교했고 마음은 편해졌다. 그리고 나보다 먼저 그 친구와 절교한 내 친구를 마음껏 도와주고 함께 놀 수 있게 되었다. 이제 나는 두 친구 사이에 끼어 있는 깍두기가 아니다.

두 가지 권력

김나림

"있는 사람이 더하네! 어휴, 정말 너무한다!"

주인집의 숭악한 권력 남용은 엄마를 더욱 화나게 하고 비참하게 만들었다. 덩달아 어린 나도 그들을 증오했다. 그것이 엄마 편을 드는 유일한 방법이었다.

가난해서, 여자라서, 모든 것이 불공평하다고 생각했다. 그래서 어릴 적 꿈은 '남자이자 부자'가 되어 그 권력을 내가 갖는 것이었다. 엄마를 힘들게 하는 주인집 사람들, 아빠 그리고 아빠의 동생들에게 보란 듯이 복수하는 것이 권력의 목적이었다. 그럼 엄마가 힘들지 않을 것 같았다.

나는 그 권력을 선한 곳에 쓰기 위해 애쓰며 버텼다. 미용 기술이 권력을 가져다줄 수 있으리라 생각했는데, 그 집

념 때문인지 24세에 온몸에 염증과 통증이 시작되었고, 신체 나이 68세라는 진단과 함께 '베체트병'을 갖게 되었다.

나의 꿈이 분노에 찬 권력이었음을 '돈 공부'를 하면서 비로소 인식하게 되었고, 그날 이후 '명문가'의 꿈이 시작되었다. 준이들이 어렸을 때부터 해온 '말랑말랑 가족 독서 시간'이 확장되면서, '빛 놀이터'는 가족뿐 아니라 평생 친구들의 가족까지 함께하는 가족 독서 토론의 빛나는 공간이 되었다.

이토록 아름다운 권력을 행사할 수 있는 나의 50대의 삶이 감사하다. 명문가의 꿈은 이제 더 이상 꿈이 아니라 현실이 되었다.

상속

김명희

　고철을 주워 모아 고물상에 가져가면 저울에 달아 값을 쳐 주었다. 막걸리병은 5원, 공병은 20원이라 모아 두었다가 어느 날 리어카 아저씨가 오시면 팔았다. 국민학생이던 나는 그 돈으로 떡볶이와 어묵을 사 먹었다.
　중학생이 되어서도 새벽에 신문을 돌렸고, 고등학생 때는 국민학생들의 숙제를 봐주거나 식당 홀 서빙 같은 여러 가지 일을 하며 돈을 벌었다. 그렇게 모은 돈은 용돈으로 쓰고, 학용품을 사고, 부모님 생신 때는 선물도 사 드렸다.
　고3 때는 은행에 합격해 출근을 앞두고 잠시 담배공장에서 사무보조로 15일간 일했다. 이후 은행에서 20년간 근무했다. 그때 번 돈은 결혼 전에는 친정을 돕는 데, 결혼 후에는 새로운 가정을 꾸려 나가는 데 쓰였다. 돌아보면 나는 돈 버는 일을 멈춘 적이 없었다. 가정형편이 넉넉하지 않았기에 '부자가 되고 싶다.'는 바람을 늘 품고 살았다.

어느 날, 초등학생 아들이 불쑥 물었다.
"엄마, 우리 집 부자예요?"
"왜 그렇게 생각해?"
"내가 필요한 건 다 사주고, 여행도 많이 가니까요."
그 짧은 대화 속에서 나는 아들의 질문에 "부자 맞아."라고 대답하지 못한 씁쓸한 나를 마주했다.

먹고사는 걱정이 없어진다고 해서 곧 부자인 것은 아니었다. 나에게 '부자란 어떤 모습인가?'를 알려 준 어른이 없었다는 사실을, 40년을 살아내고서야 알게 되었다. 그날 이후 나는 새로운 직업을 선택했고, 지난 8년간 '부'에 대해 꾸준히 공부해 왔다. 덕분에 지금은 매일 감격스러운 삶을 살고 있다. 그리고 부자가 무엇인지도 모른 채 막연한 희망만 품고 고단함을 견뎌 온 어린 시절의 나에게 이렇게 말해 주고 싶다.
"참 기특하다."
그리고 이제는 다음 질문을 선물처럼 꺼내 놓는다.
"유산으로 무엇을 남길 것인가? 죽어서가 아니라, 살아 있는 동안에."

　배움을 통해 알게 된 것들과 앞으로 더 배워 나갈 것들을 지금부터 상속하고 싶다. 돈으로 쌓은 부는 언젠가 사라지지만, 돈에 대한 바른 의식은 좋은 삶을 건설할 수 있기 때문이다.

　오늘의 내가 있게 한 어제의 선택이 있었듯, 내일을 위한 오늘의 선택은 바로 '상속 프로젝트'를 시작한 것이다. 상속 프로젝트 119기를 마친 지금, 나는 또 다른 세상으로 갈 준비를 한다. 그곳에서는 어떤 삶이 펼쳐질까? 기대와 설렘이 밀려온다. 그리고 이 세상에서 나의 꿈을 지지해 주고 동행해 준 모든 분들께 감사의 마음을 전하며, 지금 이 순간을 품에 안고 눈을 감는다.

꽃무늬 원피스를 입은 전도사

김민주

"돈이 뭐라고 생각해?"
친구의 질문에 망설임 없이 대답했다.
"대가 지급이지."
어리둥절한 친구에게 말을 이어갔다.
"너는 비 오면 엄마가 우산 들고 교문 앞에서 기다려 주시잖아. 졸업식 날 오셔서 사진 찍어 주시고, 짜장면도 사 주시잖아. 우리 엄마는 달라. 지금 돈 벌어서 나이 들어 여유롭게 살려고 해. 자식들 고생 안 시키려고 새벽부터 늦은 시간까지 일하시느라 나랑 함께 보내는 시간이 별로 없어."
말하는 순간, 나도 모르게 눈물이 흘렀다.

열아홉 살.
꿈 많던 소녀는 낭만 넘치는 대학 캠퍼스 대신 직장을 선택했다. 부모님과 가족들에게 조금이라도 도움이 되고 싶었다. 공부의 즐거움을 대가 지급하고 사회생활을 시작했다.

서른아홉 살.
네 살 아들의 엄마는 모든 것을 잃어도 지켜야 할 아들을 위해 싱글맘이 되었다. 그동안 대가 지급했던 돈, 가족, 직장이 있었기에 가능한 일이었다.

돈의 소중함을 깨달으며 중학교 2학년 아들과 함께 책을 쓰는 엄마가 되었다. 아들과 같은 곳을 바라보고 함께 걷는 지금, 행복과 감사가 넘친다.
내가 열심히 일해서 번 돈이기에 더 신나고, 소중한 사람과 함께할 수 있다는 사실이 나를 편안하게 해 준다. 가족과 함께하는 시간과 돈이 비례하기를 꿈꿔 왔다. 앞으로도 따뜻한 삶을 살 수 있을 거라 믿는다.

싱글맘들과 소통하며 세상에서 당당하게 살 수 있도록 돕는 멘토가 되었다.
엄마를 응원하고 동행해 주는 아들이 있다. 그리고 공감하고, 소통하며, 경청하는 지혜로운 리더로 살아갈 수 있도록 안내해 주는 멘토들이 있다. 그 덕분에 나는 오늘도 꽃무늬 원피스를 바람에 날리며, 건강과 웃음을 선물하는 전도사가 되었다.

행복

김보승

"엄마 우리 여행 갈까?"
"그래, 어디 가고 싶어?"
"거제도 한 번 더 가고 싶은데 돈이 많이 들지? 엄마 돈 부족하면 내가 좀 보태 줄게."
"괜찮아. 엄마가 너와 많은 시간 보내려고 돈 벌잖아."
내가 원하는 건 뭐든지 들어주는 엄마가 계시고,
돈 때문에 안 된다는 말을 들어 본 적이 없어서
나에게 돈은 행복을 선물해 주는 도구였다.

얼마 전 뉴스에서 금값이 사상 최고치라는 기사를 보고 엄마에게 물었다.
"엄마는 금 가진 거 없어?"
"엄마 것은 조금 있고, 네 것은 많이 있어."

"나한테 금이 있다고? 무슨 말이야?"

엄마의 설명을 들어 보니까 내가 태어나서 백일, 돌잔치를 할 때 사람들에게 받은 반지와 황금열쇠를 가지고 있다고 했다. 그리고 지금 내가 저축을 해서 모은 돈 역시 태어나서 지금까지 받은 돈, 돌잔치 때 받은 축의금까지 다 모아 두었다고 한다.

내가 4살 때 이혼을 해서 나를 키우느라 애쓰신 엄마를 보면서 돈이 많이 필요할 텐데 내 것을 그대로 보관하고 계신다니 고마운 마음과 동시에 미안한 마음도 들었다.
나도 엄마의 마음을 물려받아서 내 돈을 소중히 여기고 아끼는 마음으로 대해야겠다는 생각을 하였다.

엄마가 계신 새마을금고에 친구들과 함께 가서 통장도 만들고, 저축하는 의미와 방법을 같이 배우면 좋을 것 같다. 그렇게 차곡차곡 정직하게 모은 돈으로 내 나이 50세가 되면 무료급식소를 운영하는 내 모습을 상상해 본다.

어린 시절 함께 저축 습관을 기른 마음 맞는 친구들과 함께 도움이 필요한 분들에게 나눔하고 봉사하는 멋진 어른

이 되어 가고 있다.

  몸이 불편한 엄마의 손을 꼭 잡고 무료급식소를 찾은 꼬마 아이에게 아이스크림 하나를 챙겨 주는 나의 섬세함은 엄마를 닮았다.

  세상을 다 가진 듯한 아이와 엄마의 미소가 내 마음속에 자리 잡는 오늘. 생맥주 한 잔에 오늘의 고단함을 씻어 내고 내일을 향하는 친구들이 함께여서 행복하다.

사랑의 그림자

김종순

아버지가 일찍 세상을 떠나시면서
나는 어린 나이에 가장이 되었다.
가장이라는 이름은 무겁고 차가웠다.
나는 학교에 다니면서도
시장 노점에 앉아 사과를 팔아야 했고,
밤이 되면 동생들과 함께 관광버스 청소를 하며
새벽을 맞았다.
집에는 늘 먹을 것이 부족했다.
동네 이웃집을 돌며 쌀을 조금씩 얻어야 했고,
김치와 된장으로 겨우 끼니를 이어갔다.
어린 가슴에 가난은 지워지지 않는 얼룩처럼 남아 있었다.

한 번은 친척 집에서 얻은 김치를 들고 버스를 탔다.

제일 뒷자리에 앉아 조심스레 품에 안고 있었는데,
버스가 급정거하는 바람에 김치 봉지가 터져
순식간에 버스 안은 김치 냄새로 가득 찼다.
사람들의 시선이 한꺼번에 몰려왔고,
나는 땅속으로 숨고 싶을 만큼 창피했다.
그런데,
승객들은 화를 내지 않았다.
오히려 팔을 걷어붙이고
흘러내린 김치를 함께 주워 담아 주었고,
누군가는 나의 등을 가만히 토닥여 주었다.
안타까운 눈빛이 나를 감쌌다.
나는 터진 봉지를 다시 묶어 집으로 돌아와,
김치를 씻어내어 동생들에게 먹였다.
그 시절, 돈은 나에게 서러움이자 절망이었다.

20대가 되었을 때,
나는 예수님의 사랑을 만나며
돈에 굴하지 않는 강한 청년이 된 줄 알았다.
그러나 마음 속에서는 늘 목마름이 가시지 않았다.
돈은 희망 고문처럼 나를 따라다녔고,

결국 결혼을 잘하는 것이 답이라 믿었다.
하지만 그것마저 나를 배신했다.
남편이 심장마비로 하나님 품으로 떠나고,
혼자서 아이들을 키우며 살아야 했다.
죽도록 일을 했지만, 통장은 언제나 구멍이 뚫려 있었다.
아이들에게 엄마의 삶의 무게가 드러나게 되었고,
늘 아이들에게 미안한 엄마였다.

나는 수없이 기도했고 물었다.
"어떻게 하면 가난에서 벗어날 수 있을까."
그러나 답은 오랫동안 오지 않았다.
그러던 어느 날,
뜻밖의 은혜처럼 돈이 나를 찾아왔다.
하나님께서 시어머님을 통해 주신 선물이었다.
숨이 트이고, 삶에 작은 여유와 소소한 행복이 찾아왔다.
그리고 동시에 단단함을 주었고,
인내와 용기를 가르쳤으며,
무너진 가슴을 어루만지는 위로가 되기도 했다.

이제 나는 기도한다.

하나님께서 나에게 선물을 더 주신다면,
나처럼 어린 시절 배고픔을 알았던 아이들에게
따뜻한 밥 한 끼, 새 옷 한 벌,
낡은 신발이 아닌 반짝이는 새 신발을 선물하고 싶다.
그리고 언젠가 더 넉넉해진다면,
예쁜 쉼터를 세워
아이들에게 좋은 할머니가 되고 싶다.
하나님의 사랑을 받은 만큼,
그 사랑을 다시 세상에 흘려보내고 싶다.

돈은 내게 아픔이었으나,
이제는 거룩한 흐름이 되기를 소망한다.
나는 이 땅의 많은 아이들에게
내가 받은 구원의 은혜를 사랑으로 갚고 싶다.
그래서 주께서 원하시는 구원의 복음을
나를 녹여 드리며,
이 귀하고 복된 돈을 사랑으로 흘려보내고 싶다.

부자의 그릇, 사람의 그릇

김채완

나는 어린 시절, 열일곱 명의 대가족이 함께 사는 집에서 자랐다. 아버지는 큰 어선을 타고 바다에서 고기를 잡는 어부였고, 내가 일곱 살이 되던 해 태풍으로 배가 부서지자 새로운 길을 찾으셨다. 미역 양식을 시작했고, 그것은 대성공이었다. 매일 8톤 트럭에 가득 실린 미역이 서울로 올라갔고, 그 트럭이 지나간 뒤에는 돈다발이 집안 가득 들어왔다. 돈은 은행에 갈 새도 없이 찬장과 장농 안에 던져두었고, 새벽이면 다시 바다로 나가는 아버지의 뒷모습이 있었다.

그 무렵 우리 집은 동네 최고의 부자였다. 아버지는 들어오는 돈으로 땅을 사셨다. 내가 국민학교에 다닐 때, 걸어가는 길 양옆은 거의 모두 아버지의 땅이었다. 먹거리도, 살림살이도 부족함이 없었고, 집안에는 늘 활기가 넘쳤다.

중학교에 들어서자 아버지는 크고 웅장한 2층 양옥을 지으셨다. 그러나 풍족함이 영원하진 않았다. 아버지는 병이 들었고, 내가 고등학교를 졸업하던 해 돌아가셨다.

그 많은 땅과 저택은 상속되었고, 결국 막내오빠가 들어와 봉제공장을 시작했으나 경영난에 부딪혔다. 우리는 집을 담보로 대출에 도장을 찍어 주었고, 그 결과 저택은 은행에 넘어갔다. 일가를 먹여 살리던 부자의 집은 그렇게 사라졌다.

내가 시집온 시댁도 크게 다르지 않았다. 고철 재활용으로 돈을 많이 번 집안, 큰 저택, 공장과 상가. 그러나 외동아들에 대한 아버지의 엄격한 기대와 그 기대를 피해 늘 새로운 일만 벌이고 책임은 뒤로 미루던 아들의 습관은 결국 재산을 지켜내지 못했다. 10억을 투자한 신기술은 열 달 만에 부도가 났고, 큰 집도 우리가 살던 아파트도 다 잃었다.

양가 모두 부를 쥐었다 놓친 집안을 보며 나는 뼈저리게 깨달았다. 돈은 추풍낙엽처럼 언제든 날아갈 수 있다는 것을. 돈을 쥔다고 해서 그것이 곧 내 것이 되는 것이 아니라는 것을. 진짜 중요한 것은 돈을 담을 사람의 그릇이다. 돈보다 중요한 것은 그 부를 지킬 수 있는 내면의 힘, 지혜, 그리고 성장한 인격이다.

그래서 나는 내 그릇을 키우기로 했다. 시련이 올 때마다 그 시련을 두려워하기보다, 문제의 원인을 찾고 해결하는 힘을 기르는 데 집중했다. 진짜 돈을 버는 것은 한 가지 일에 몰입해 10년, 20년을 이어가는 것임을 알았다.

나는 전통차를 만났고, 차의 우수성을 알리기 위해 한식을 시작했다. 그리고 세계 최초로 보이차로 된장을 담갔다. 그 된장으로 음식을 만들고, 명상하며, 좋은 습관으로 나를 단련하며 지금 이 순간을 살아가고 있다.

내가 생각하는 부는 단순히 돈이 많고 적음에 있지 않다. 부자는 바로 그릇을 키운 사람이다. 나는 오늘도 팔거천을 달리며, 풍요롭고 행복한 부자의 모습을 시각화한다. 돈은 사라질 수 있지만, 그릇은 남는다. 나는 나의 그릇을 키우며 매일 풍요로운 부자의 길을 걷고 있다.

변화

박미경

"있다가도 없고, 없다가도 있는 게 돈이다."
엄마는 부자는 아니었지만, 현실에 만족하며 열심히 살았다. 그리고 적은 돈이라도 꾸준히 저축하는 모습을 보여 주셨다. '돈, 돈' 하지 않는, 돈에 대한 너그러움이 있었다.

나에게 돈은 밀물과 썰물 같았다. 들어오면 필요한 것을 사고, 부족하면 덜 쓰고, 남으면 저축했다. 하지만 어느 순간 변화가 필요했다. 도와주고 싶어도 마음뿐인 상황이 찾아왔기 때문이다. 그래서 정말 필요한 곳에만 소비하자고 다짐했다. 그와 동시에 미니멀라이프를 실천했다. 그리고 주식을 시작하며, 돈이 들어오고 나가는 흐름 속에서 돈의 가치를 새롭게 깨달았다.
돈의 소중함을 알게 되자, 신기하게도 돈이 점점 나에게 들어왔다. 그 안에서 소중함, 기쁨, 뿌듯함이 피어났고, 도움을 줄 수 있는 상황이 되자 부자의 풍요로움까지 느낄 수 있었다.

건강을 사랑하자. 돈을 사랑하자. 그리고 그 사랑을 나누자. 건강한 삶, 후회 없는 삶을 살며 더불어 살아가는 사람들과 함께 나누고, 나는 오늘도 나의 간절한 버킷리스트를 작성하고 하나씩 실천해 나간다.

두 개의 주머니 두 개의 길

박은주

내게는 두 명의 친구가 있습니다.

한 친구의 주머니에는 지폐 한 장이 들어가면 꼬깃꼬깃 접혀 잘 나오지도 않습니다. 한 달이 지나도 그대로 있지요. 그는 늘 아껴야 한다고 말합니다.

또 다른 친구의 주머니는 다릅니다. 돈이 들어가기 무섭게 손이 바쁘게 움직입니다. 들어갔다 나왔다, 그리고 결국 텅 비어버립니다. 그는 쓰고 베푸는 즐거움으로 가득 차 있습니다.

시간이 흐르며 깨닫습니다. 지나친 절약은 마음을 닫아버리고, 끝없는 소비는 내일을 잃어버립니다. 무의미한 축적과 절제 없는 흩뿌림은 모두 삶의 균형을 무너뜨립니다. 지혜는 '오늘과 내일'을 함께 품는 길에 있음을 알게 됩니다.

돈은 단순한 지폐가 아니라, 우리의 감정을 흔드는 힘이 있습니다. 불안할 때는 돈이 필요했고, 손에 쥐어질 때는 마음이 안정되고 기쁨이 찾아왔습니다. 거꾸로, 내 감정이 돈을 움직이기도 했습니다. 돈과 감정은 늘 맞닿아 있었습니다.

이제야 알겠습니다. 중요한 것은 돈이 아니라, 그것을 다스리는 내 마음과 태도입니다. 돈이 나를 흔들지 않게 하고, 내가 돈을 다스리는 삶. 그것이야말로 진정한 지혜이고 자유입니다.

그러나 혼자의 힘만으로는 온전히 설 수 없습니다. 내 삶의 방향은 결국 누구와 함께 걷고, 어떤 말씀에 귀 기울이며, 어떤 울타리 안에 머무느냐에 달려 있습니다. 좋은 사람들의 곁, 지혜로운 멘토의 조언, 그리고 날마다 중심을 잡아주는 말씀은 내 마음을 붙들어 주는 기둥입니다. 환경이 사람을 만들고, 사람은 그 환경 속에서 빚어집니다.

나는 부모로서 자녀에게도 이런 길을 보여주고 싶습니다. 돈을 아껴라, 쓰라 하는 단순한 훈계가 아니라, 돈을 통해 지혜롭게 살아가는 법을 가르쳐 주는 부모 말이지요. 성찰과 변화를 통해 길을 안내하는 부모가 되고 싶습니다.

그리고 마지막으로 내가 좋아하는 탄줘잉(譚卓英)의 글을 떠올립니다.

"세상에는 이런 사람이 있습니다. 당신에게 옷을 더 껴입으라고, 조심하라고, 늘 끊임없이 부탁하죠. 당신은 짜증스럽지만 따뜻함도 느낍니다. 돈이 없을 때, 그는 항상 쉽지 않다며 당신을 훈계합니다. 그러면서도 당신에게 돈을 쥐어 줍니다. 이런 사람들을 우리는 부모라고 부릅니다. 부모님의 또 다른 이름은 '희생'입니다."

성공을 꿈꾸는 로맨티스트

송태순

돈을 좋아하면 속물이다.
돈을 좋아하면 남자는 바람을 핀다.
돈을 좋아하면 불행하다.
사돈이 논을 사면 배가 아프다.
어릴 적 들었던 나의 경제 청사진이다. 여태껏 돈을 부정적인 시선으로 바라볼 수밖에 없었던 나를 이제야 현실적으로 점검하게 되었다.

지금은 돈이 중요하고, 돈이 없으면 삶의 질이 떨어진다는 생각으로 많은 것이 변화되었다.
얼마 전, 아들과 동생, 조카들과 치맥을 하며 나는 이야기를 소개하고 싶다. 성인이 되어 뿔뿔이 흩어져 지내며 오랜만에 만난 친척들이다.

20대인 만큼 사랑이라는 인생의 주제가 화두가 되었다. 돌이켜보니 내 인생의 화두는 짝사랑이라는 것을 알게 된 시간이었다. 대학교 영어회화 동아리 5분 스피치 주제도 LOVE였다. 그 LOVE를 위해 20대를 보내고, 30대에는 아이 둘을 키우고, 40대에는 영어를 가르치고, 50대에는 '뉴스킨 엔터프라이즈'라는 비즈니스를 사랑하였다.

나는 로맨티스트다. 로맨티스트답게 돈보다는 사랑을 더 가치 있게 여겼고, 남편과는 영원한 사랑을 맹세하며 사랑을 위해 살아왔으니, 돈은 중요하지 않다는 나의 경제 청사진에 충실한 삶을 산 것이다. 아버지를 떠나 시집을 가더라도 돈이 필요했고, 똑똑한 아들이 공부를 위해 서울로 떠나도 돈이 필요했다. 그런데 남편이 한 살 어린 연하여서 바람날까 걱정하며 돈은 애써 모으지 않고, 소확행을 운운하며 당당하게 소비했다. 노후도 걱정하지 않았다.

어휴! 돈 공부, 인생 공부를 하지 않은 결과를 톡톡히 느끼는 요즘이다.

"송태순은 필요한 제품이면 가격도 보지 않고 구매하는 사람이다. 사은품이 좋으면 본 제품은 보지도 않고 소비하는 특별한 사람이다."

　호구처럼 사은품에 끌려 잘못된 소비를 지적한 남편의 의미심장한 말은 나를 돌아보게 만들었다. 무엇보다, 가족과 가까운 주위 사람들과의 소통에서 늘 부딪치는 현실을 목격하고, 그 현실을 바꾸어 나가고 있는 중이다.

　살아가면서 바꾸어 나가야 할 삶의 태도를 깨닫고, 좋은 엄마, 좋은 아내, 좋은 비즈니스 파트너가 되어감에 뿌듯함을 느낀다.

　대놓고 돈 공부를 하는 경제 독서클럽을 진행하며, 나의 현실점검과 그들의 현실점검을 할 수 있는 독서 모임을 만들었다. 그들의 삶의 태도를 바라보는 데 도움이 되고자 로버트 기요사키의 책을 읽어보자 권유하고 함께하기로 결정했다.

　내 삶의 성공은 다른 사람에게도 영향을 준다. 그러므로 선순환을 일으켜 인생 2막을 나누는 부자 마인드로 살아가는 것이 우리 목표다. 한 분 한 분을 섬세하게 잘 섬기며, 좋은 문화, 좋은 친구, 좋은 일, 훌륭한 성공까지도 꿈꾼다.

돈으로 행복을 나누다

유나훈

"너, 한 달에 돈을 너무 많이 써."

엄마가 식비로 준 카드 사용 내역을 들여다보며 말씀하셨다. 지금까지 나에게 돈은 그저 '잠깐의 행복'을 위한 도구였다.

'이대로는 안 되겠어. 나의 소비 습관을 바꾸자. 돈을 마구 쓰면 돈의 소중함을 잃어버릴지 몰라.'

그때부터 물건을 사기 전, 내게 진짜 필요한 것인지 한 번 더 생각해 보기로 했다. 계속 스스로에게 묻다 보니 저축을 해 봐야겠다는 생각도 들었다. 왜냐하면, 내가 돈의 소중함을 얼마나 잘 이해하는지 확인할 수 있는 방법이 저축이라는 것을 깨달았기 때문이다.

우울과 분노로 가득 차 있는 사람들이 다시 행복을 찾을 수 있도록 돕는 도우미로서, 2050년, 나는 77억 자산가가 되어 있었다.

나는 전 세계를 돌아다니며 우울과 분노로 힘들어하는 사람들과 함께 행복하게 놀고, 함께 밥을 먹으며 그들의 마음을 위로한다.

그리고 오늘은, 같은 뜻을 가진 동료들과 함께 독일로 향하고 있다. 일정을 마친 후에는 뮌헨 알리안츠 아레나에서 바이에른 뮌헨의 챔피언스리그 경기를 보러 가기로 했다.

그럴지라도 성공했을 때

유명순

"창피하게 그것만 하면 어떻게 해?"

못마땅한 표정으로 남편이 나에게 건네는 말이다. 낙도 선교팀에게 내가 가진 전부의 금액을 드렸더니, 적다는 말이다. 생각해 보니 남편 입장에서는 너무 적은 금액일 수도 있었겠다. 적은 금액이라 나 또한 조금은 쑥스럽기도 했지만, 감사한 마음으로 드릴 수 있어 좋았는데 말이다.

그간 나는 돈을 버는 것을 목적으로 살아오지 않았다. 돈은 목적이 아니라 수단이었다. 돈이 부족해도 불평하기보다 감사한 마음으로 살아왔다. 그런데 건강이 좋지 않아 쉬고 있으니 수입이 없다. 돈과 건강은 양 날개처럼 중요하다. 지금의 나는 양 날개를 돌보며 쉬어야 한다.

그래서 '건강을 돌보는 것이 곧 수입을 얻는 일이며, 몸을 건강하게 만드는 것이 곧 돈이다.'라고 생각하며 꾸준히 운동했고, 건강도 점점 좋아지고 있었다.

하지만 지금 돈이 없어 텅 빈 자루에 불과하다는 것을 발견했다. 이 텅 빈 자루를 손에 들고 있으니 마음이 조금 어색하고 위축되었다. 하지만 다시 이 자루에 감사를 담아보고 싶었다.

'그럴지라도'
오늘도 나는 그 누군가에게 '마중물'의 역할을 감당하고 싶다는 마음은 변하지 않았다. 하나님을 모르는 자에게 복음을 전하며, 그들이 영원한 생명을 얻는 길에 안내자가 되는 것이 곧 나의 성공이라고 믿는다.
또한 공부하고 싶지만 열악한 환경 때문에 공부할 수 없는 누군가에게, 나의 수입 중 20%를 후원해 주고 싶은 마음이다.

'성공했을 때'
나의 곁에는 남편과 아들, 며느리, 사랑하는 두 손녀가 있을 것이다. 글쓰기 리더 선생님과 친구들, 성도님들과 함께 정상에 올라 맑은 공기 속에서 지상의 풍경을 바라보며 감사할 것이다. 환경은 열악하지만 훈련된 병사로서 적응하는 것이다.

여전히 목표는 변하지 않았다. 그리고 나는 행동할 것이다. 그때는 분명 비가 내리지 않는 청명한 하늘이겠지.

노래하고 춤추고

이순자

"내가 돈이 어디 있나? 돈 없는 줄 알면서 왜 졸라대고 야단이냐?"

어린 시절, 엄마에게 돈을 달라고 하면 목소리는 날카로워지고 얼굴은 무섭게 변하곤 했다.

"내가 누구 믿고 살겠나? 네 아버지는 늘 아프고…."

나는 엄마의 불편한 말을 더 이상 듣고 싶지 않았고, 육성회비를 내지 못했다는 사실에 자신감도 잃었다. 돈은 나에게 불편함과 열등감을 안겨주었다.

그러나 직장 생활을 시작하면서 돈을 아끼고 모으는 법을 배웠다. 눈물로 서럽게 모았던 돈을 악착같이 저축하며, 긴 한숨과 눈물이 고인 엄마의 얼굴에 활짝 웃음을 되찾아주고자 노력했다.

우울하고 막막했던 시골집을 떠나, 생각을 행동으로 옮길 용기를 품고 변화와 성공을 향해 달려간 곳이 부산이었다. 이른 아침부터 늦은 저녁까지 반복된 노력과 인내 속에서, 내 삶은 내가 결정하고 책임지는 결과로 이루어졌고, 마침내 꿈꾸던 길을 걸을 수 있었다.

결혼 후, 아이들이 어릴 때는 경제적 여유가 부족해 힘든 시절이었지만, 나는 다시 일어설 수 있었다. 내가 아이들을 키우면서 받았던 주변의 사랑과 따뜻한 돌봄이 큰 힘이 되었고, 작은 규모로 시작한 어린이집은 새로운 희망과 활기를 되찾게 해주었다.

꾸준히 배우고 노력하면 변화와 성장이 가능하다는 것을 알게 되었다. 어렵고 낙심이 되는 순간에도 주저앉지 않고 간절함을 품는다면, 삶 속에서 도움의 손길은 자연스럽게 연결된다는 것을 조금씩 깨달아갔다.

이제 나는 다른 사람의 꿈을 이루도록 돕는 멘토로 살아간다. 2035년, 30억 자산을 가진 희망과 행복을 전하는 전도사로 활동 중에 있다. 10년간 함께 책 쓰기를 한 작가와 건강·인간관계·유아교육·부모 역할 등 다양한 분야에서 활동하는 30명의 강사들과 함께 해외 진출을 준비했다.

"나는 스위스를 좋아합니다. 스위스 일정에 맞추어 함께 떠날 작가들의 협력이 필요합니다."

세계 컨퍼런스 강의 일정을 조율하며, 꿈의 마스터들과 함께 가고 싶은 나라를 선택하고 동행했다.

여행과 자유로운 생활 속에서, 변화와 성장을 이루는 마스터들과 함께 노래하고 춤추는 날들이 이어지고 있다.

다다티하우스의 시간 향기

이은주

매일같이 땡볕 아래 엎드려 밭일을 하던 엄마는 늘 같은 말을 입에 달고 사셨다.

"돈, 돈, 돈…. 먹고 죽을래도 먹을 돈이 없다."

그 말은 밥 먹는 횟수보다 더 자주 들려왔고, TV에서 불우이웃돕기 성금 방송이 나오면 어김없이 웃픈 농담을 던지셨다.

"불우이웃돕기는 무신! 내가 불우이웃이다. 그 돈 있으면 내를 줘라."

가난은 엄마의 일상이었고, 동시에 엄마는 언제나 그 가난을 자기 방식대로 넘어서고 있었다. 그런데도 묘하게, 엄마만큼 자기 하고 싶은 걸 꼭 해내는 사람도 드물었다. 냉장고를 바꾸고 싶으면 은근슬쩍 아버지를 긁어 싸움을 일으키셨고, 얼마 지나지 않아 새 냉장고가 배달돼 집 안에 들어왔다. 낡은 냉장고는 트럭에 실려 사라지고, 엄마는 기분 좋게 주방을 휘돌며 뭔가를 해낸 사람의 얼굴로 빙그레 웃으셨다.

"돈도 죽기 전에 써야지. 놔두면 똥 된다."

그 말은 어린 내 마음에 묘한 각인처럼 남았다. 살아보니 나도 어느새 엄마처럼 살고 있다.

재테크보다 마음이 앞서고, 효율보다 온기가 먼저다. 사치는 아니지만, 늘 잔잔한 돈이 흘러가고 남는 건 별로 없는 듯한 기분. 그러면서도 좋은 걸 보면 자꾸 가족에게 주고 싶은 마음이 앞선다. 돌이켜보면, 엄마도 냉장고 하나를 바꾸기 위해 몇 달을 고민하셨을 것이다. 아직 쓸 만했지만 낡고 좁은 것은 생활이 불편했던 것은 물론 마음까지 불편했을 것이다. 결국 아버지와의 다툼을 일으켜 마침표를 찍으셨다.

휑 하고 가전매장으로 달려가던 그 순간, 엄마 마음은 얼마나 혼란스러웠을까. 그때는 보지 못했지만, 이제야 알겠다. 그 모습이 장군같이 멋있었다는 걸.

이제는 내 삶 속에서 엄마의 모습이 보인다. 얼마 전 큰 아들과 막내딸이 차례로 결혼 소식을 전해왔다. 요즘 아이들이야 스스로 잘 챙긴다지만, 내 마음은 자꾸 들썩인다. 뭐라도 하나 더 해주고 싶고, 내가 가지지 못했던 걸 사주고 싶어진다. 그래서 좋은 물건이 눈에 띄면 하나씩 챙겨둔다.

10년 넘게 카페에서 칼질하며 살아온 내게, 요즘 눈길을 사로잡은 건 요리 인플루언서들이 쓰는 나뭇결 고운 도마다. 무려 15만 원이나 하는 그 도마를 어느 날 덜컥 나를 위해 사버렸다. 그런데 마음 한편이 뒤숭숭했다. 오만 가지 생각이 머리를 어지럽힌다. 아직 쓸만한 플라스틱 도마를 그냥 쓸까? 이걸 결혼하는 딸에게 줄까? 딸 생각이 난 것이다. 나를 위해 산 이걸 딸에게 줄까, 아니면 딸아이 걸 하나 더 살까? 망설임 끝에 결국 딸을 위해서도 도마 하나를 더 주문했다.

그렇게 나는 나와 딸을 위해 도마 두 개의 주인이 되었다. 15만 원을 더 쓰기 위해서 내 마음이 얼마나 혼란스럽던지…. 그 새벽에 윙윙윙 엄마의 냉장고 소리가 내 귓가를 맴돌았다.

"돈이 없어도 괜찮다."는 말은 쉽게 할 수 있다. 하지만 정말 그 말대로 살 수 있을까? 나는 경주의 외곽 작은 마을에서 카페를 하며, 그 말의 의미를 매일 시험 받는다.

　내가 꿈꾸는 부는 숫자가 아니라 시간이다. 좋아하는 일을 하며, 사람들과 차를 마시고, 글을 쓰고, 또 가족과 웃는 저녁 시간을 보내는 것. 이것이 나에게는 '시간 부자'의 삶이다.

　처음 카페를 열었을 때, 사람들은 걱정했다. "돈은 되냐?", "이 시골에서 장사가 되겠냐?"라는 질문을 수도 없이 들었다. 하지만 나는 그 질문보다 더 오래도록, "내가 원하는 삶인가?"를 스스로에게 묻고 또 물었다. 돈보다 중요한 것은, 내가 하루를 어떻게 보내고 있는가였다.

　카페 손님은 많지 않다. 하지만 손님 한 명 한 명과 나누는 대화는 진하고 깊다. 어떤 날은 고요하고, 어떤 날은 작은 기쁨이 있다. 어쩌면 이게 '진짜 성공' 아닐까?

　돈은 흘러간다. 시간을 살 수도, 멈춰 세울 수도 없다. 하지만 내가 원하는 방식으로 시간을 쓴다는 것은, 돈으로도 살 수 없는 값진 경험이다.

　지금, 나는 시간 부자다. 가난하지 않냐고 묻는 이에게 나는 웃으며 말한다.

　"가난해도, 여유는 있습니다."

그 질문에는 걱정과 호기심이 함께 실려 있다. 도시의 번화함도 없고, 화려한 인테리어도 없으며, 대단한 입지도 아닌 경주 외곽의 작은 마을. 그 안에 숨어 있는 내 카페는, 겉으로 보면 '장사'라기보다는 누군가의 취미처럼 보일지 모른다. 그러나 바로 그 '소박함'이 사람들의 마음을 붙든다.

이곳엔 음악이 낮게 흐르고, 햇살이 무심히 들어와 바닥을 어루만진다. 오래된 찻잔들, 직접 덖은 차잎 냄새, 손때 묻은 테이블. 이 모든 것은 돈으로는 살 수 없는 시간이자, 정성이다. 이곳에 처음 오는 사람은 하나같이 말한다.

"아, 여기 참 편안하네요."

나는 알고 있다. 사람들이 원하는 것은 대단한 화려함이 아니라, 편안함이라는 것을. 커다란 건물, 인스타용 인테리어, 비싼 메뉴보다, 고요히 자신을 되돌아볼 수 있는 작은 여백이 진짜 위로가 된다.

이 공간을 만든 건 돈이 아니라 사람의 마음이다. 매일매일 청소하고, 꽃 한 송이 바꾸고, 찻잎을 덖고, 계절의 온도에 따라 향을 바꾸는 작은 손길들. 그 손길이 쌓여 공간이 되고, 공간이 쌓여 기억이 된다.

어느 날, 단골 손님 한 분이 이런 말을 했다.

"여기 앉아 있으면, 내가 괜찮은 사람 같아요."

나는 그 말을 잊을 수 없다. 공간이 사람을 위로한다는 사실을, 그날만큼은 온전히 체감했다. 누군가에게 괜찮은 사람으로 느껴지는 순간, 그것이 진짜 부자라는 생각이 들었다.

나는 지금도 고민한다. 이 찻집을 더 키울 수 있을까? 더 많은 손님을 받을 수 있을까? 하지만 곧 마음을 다잡는다. 더 커질수록 잃는 것도 있다. 나는 이 '소박한 공간'이 주는 위로를 놓치고 싶지 않다.

돈으로는 살 수 없는 고요, 시간이 담긴 의자 하나, 내가 직접 덖은 차 한 잔, 그리고 사람의 온기가 남는 자리. 그것이면 충분하다. 지금 이 작은 찻집이 내게는 가장 큰 위안이고, 내가 다른 이에게 줄 수 있는 가장 좋은 '부'다.

부러움과 배움 사이

이춘관

내 나이 다섯 살 혹은 여섯 살 때의 일이다.

우리 동네에 가정형편이 좋고 장남이라 부모에게 많은 사랑을 받는, 나보다 한 살 많은 아이가 있었다. 그 아이가 세 발 자전거를 타고 다니는 모습을 보고 나는 너무나도 부러웠다. 나도 한 번만 타보고 싶었지만, 차마 먼저 타보자고 말하지 못했다. 어린 마음에 그저 바라만 보며 속으로만 간절히 소망했다.

결국 나는 아버지를 붙잡고 졸랐다. 그때 아버지는 내 손을 잡고 배를 타고 통영 시내로 나가셨다. 자전거 가게에 도착했을 때 나는 설렘으로 가슴이 두근거렸다. 하지만 아버지는 자전거 가게 주인에게 가격만 묻고는 결국 자전거를 사주시지 않았다. 나는 그때 왜 사주시지 않았는지 이유를 알지 못했다.

그 일이 있고 얼마 지나지 않아 아버지가 운영하시던 굴 양식 어장이 큰 태풍으로 완전히 가라앉고 말았다. 삶의 터전을 잃은 아버지는 큰 충격을 받으시고 몸져 누우셨다. 집안은 깊은 침묵에 잠겼고, 어머니는 큰방 문을 열지 말라고 당부하셨다. 하지만 어린 나는 그 말뜻을 이해하지 못하고 큰방 문을 열었다. 그 순간 아버지가 날카로운 목소리로 고함을 치셨다. 얼마나 놀랐던지 그때의 장면이 지금까지도 생생하다.

어머니는 밤낮으로 쉴 새 없이 일하셨다. 논농사, 밭농사, 굴 양식, 집안일까지, 손끝이 닳도록 몸을 혹사시키셨다. 어머니의 하루는 늘 분주했고, 자식들을 돌볼 여유조차 없으셨다. 그래서 나는 비 오는 날이 좋았다. 비가 내리면 밭일과 논일을 하지 않아도 되었고, 그런 날이면 어머니가 부엌에서 호박전을 부쳐 주셨다.

세월이 흐른 지금, 나는 그 시절을 떠올리며 부모님이 자식들에게 마음을 다해 사랑을 표현하지 못했던 이유를 조금은 이해하게 되었다. 당시 부모님은 그저 하루하루 먹고 사는 일이 가장 큰 과제였고, 그 속에서 자식들의 마음까지 세심하게 돌볼 여유가 없으셨던 것이다.

하지만 어렸던 나는 그 사실을 알지 못해 치통이 생겨도, 몸이 아파도, 외로워도 마음 편히 부모님께 표현하지 못했고, 그 때문에 서운함이 차곡차곡 쌓였다. 이제야 그 모든 감정이 얽히고설킨 이유를 조금씩 풀어낼 수 있게 되었다.

결혼 후, 두 아이의 아버지가 되고 한 가정의 가장이 되면서 나는 다시금 어린 시절의 기억을 떠올리게 되었다. 가족을 위해 돈을 벌어야 한다는 책임감으로 야간 응급실 당직의로 일할 때였다.

어느 날 밤, 잠시 병원 밖으로 나와 동네 언덕 위에 서서 부산 시내를 내려다보았다. 깜깜한 밤하늘 아래, 수많은 아파트와 집들의 불빛이 반짝이며 끝없이 이어져 있었다. 그 장면을 바라보는 순간 문득 이런 생각이 스쳤다.

'아, 이렇게 많은 집이 있는데…. 나는 집도 없는 사람이구나.'

내 존재가 한없이 가벼워지는 느낌이 들었다.

그 후 나는 한 가지 기준을 세우게 되었다. 사람을 평가할 때 돈을 대하는 태도를 보게 된 것이다. 돈에 대한 그 사람의 자세가 곧 그 사람의 됨됨이를 보여준다고 생각했다. 그래서 질투하는 사람이 되지 않기 위해 돈 많은 사람을 미워하지 않으려고 마음을 단련했다. 부러움과 질투 대신 존경과 배움의 시선으로 바라보려 노력했다.

나는 지금도 주변에 존경하고 배우고 싶은 사람들이 많기를 바란다. 그리고 내가 그들에게, 또 내 가족에게 아낌없이 나눠 줄 수 있는 사람이 되기를 원한다.
하지만 아내는 때때로 내게 이렇게 말한다.
"당신, 산타클로스가 되지 마."
그만큼 내가 베푸는 일이 많다는 뜻이다. 이제는 단순히 베푸는 것을 넘어, 돈을 가치 있게, 현명하게 사용하고 싶다. 돈은 그저 쓰기 위해 있는 것이 아니라 가족을 지키고, 사람을 돕고, 세상을 더 따뜻하게 만들기 위해 쓰여야 한다고 믿는다.

돈이 생기면 하고 싶은 것들

1. 세상 여행
2. 조급하지 않고 편하게 진료하기
3. 일하는 시간 줄이기

4. 해보지 못한 새로운 것들 찾아서 해보기

5. 잘할 수 있는 운동 배우기

6. 악기 배우기

7. 컴퓨터 배우기

8. 글쓰기

9. 올바른 정치해보기

배움으로 일군 삶의 풍요

임미정

친구들은 봄빛 되어 흘러가고, 나는 그 빛의 끝에서 조용히 서 있었다. 초등학교라는 작은 둥지를 떠난 아이들은 중학교라는 새 희망을 품고 날아올랐다. 하지만 나는 건강한 날개를 접은 채 그 자리에 머물러 있어야만 했다. 그 무렵, 지금은 먼 나라에 계신 엄마가 조심스레 물으셨다.

"미정아, 수양딸로 갈래? 그 집에선 네가 하고 싶은 공부를 시켜준대."

그 말은 50년이 지난 지금도 가슴에 남아 있다. 우등상을 받아오던 딸을 중학교에 보내지 못한 엄마의 마음은 얼마나 아팠을까. 그 말 한마디에 담긴 안타까움과 사랑을, 나는 부모가 되고 나서야 온전히 이해할 수 있었다.

고등공민학교 입학은 첫 번째 사다리였다. 이후 중학

교 편입, 방송통신고, 전문대, 대학, 대학원까지 배움의 길은 멀고 힘들었지만 멈추지 않았다. 주경야독했다. 결혼과 육아 속에서도 학업을 이어갔고, 결국 석·박사 학위를 취득했다. 1993년 어린이집 원장이 되어 활기차게 활동했다, 대학 외래교수로 후학을 양성하며, 보육교직원 교육에도 힘썼다. 2017년에는 뿌듯함을 안겨준 대통령 표창을 받았다.

"인생을 발전시키는 것은 그가 하는 일이 아니라, 하고자 하는 일이다."라고 브라우닝은 말했다. 그의 말처럼 나는 '진인사대천명'의 마음으로 배움의 끈을 놓지 않았다. 배움과 절약의 축적은 긍정의 열매를 맺게 했다. 가난의 굴레를 벗어나 '소박한 부자'가 되었다. 배움을 갈망했던 10대와 20대에 이어 결혼 후 30대에 가졌던 꿈이 모두 이루어졌다.

삶이 던진 수많은 레몬을 레모네이드로 바꾸며, 나는 성공한 경남 여성으로 소개되었다. '같이 & 가치'를 추구하며 '경남영유아안전문화연구소'를 창립했고, 'Do Dream 학습공동체'를 통해 필사와 책 쓰기 경험을 나누고 있다. 첫 번째 소소한 행복 너머의 《플로리시》 공저를 시작으로 《긍정파워》도 출간했다. 나와 함께 성장하고 같이 익어온 공동체

구성원들이다.

　지금도 백미정 대표의 〈언어 인사이트 아카데미〉에서 책 쓰기 수업을 통해 나를 다듬고 있다. 내 인생 후반의 동반자가 되어 꿈을 재촉하며, 힘이 되어주었다. 나의 저서가 베스트셀러가 되고, 날개가 달렸다. 동기부여, 웰다잉 강사가 되어 활약했다. 인생 멘토 김형석 교수님처럼 100세가 되고 보니 저서 100권이 서재에 꽂혀있다. 계좌에는 인생 전반기에 일군 재산의 무려 열 배가 넘은 금액이 들어 있어 깜짝 놀랐다.

　나는 운이 좋은 사람이다. 소박한 부자가 되고, 더 부자가 되었다. 성공은 물질의 크기가 아니라, 의미 있는 삶을 살아낸 흔적이라 믿는다. 사랑과 여유, 나눔 속에서 피어나는 삶이다. 성공은 존경받는 삶이다. 나의 노년은 나와 가족의 건강, 글 쓰는 삶, 나눔과 경제적 자유, 그리고 천국에 소망을 두는 삶이다. 평온한 마음으로.

나눔의 마음

정미화

가끔, 할머니는 말씀하셨다.
"천석꾼은 천 가지 걱정, 만석꾼은 만 가지 걱정이 있다."
그래서 나는 어릴 적에는 돈이 많으면 걱정도 많다고 생각했다. 하지만 곧 깨달았다. 우리 부모님은 천석꾼도, 만석꾼도 아니었지만 매일 돈 걱정을 하셨다. 그리고 그 걱정을 덜기 위해 밤낮없이 일하셨다. 그러고도 늘 돈이 없다고 하셨다. 그 모습을 보며 나는 마음속으로 중얼거렸다.
'열심히 노력해도 돈을 벌기 힘들구나.'

언제부턴가 누가 도와주지 않으면 돈을 모으거나 새로운 일을 시작하는 것은 어렵다는 생각이 내 안에 자리 잡았다. 그래서 부자 부모를 둔 친구들을 부러워했고, 부자 남편을 만난 친구들을 부러워하기도 했다. 아이러니하게도, 그렇게 늘 돈이 없다고 하시던 부모님은 도시에 집을 마련하셨다. 하지만 그때도 역시 돈이 없다고 말씀하셨다.

나는 돈을 빨리 벌고 싶었다. 그리고 돈이 생기면 그때 그때 마음 가는 대로 사용했다. 예쁜 옷을 사 입으며 위로를 받고, 맛있는 음식을 먹으며 만족감을 느꼈다. 또 경제적으로 어려운 사람을 보면 돕기도 했다. 그래서 내 통장에는 언제나 잔고가 많지 않았다. 어느 날 문득 이런 생각이 들었다.

'아, 이대로 괜찮을까?'

주위 사람들은 나에게 경제 관념이 없다고 했다. 나는 곧 마음을 다잡았다. 사람들을 도와주는 것에 물질을 사용하기로 한 것이다. 수입이 많으면 많은 대로, 적으면 적은 대로 도움이 필요한 사람들에게 나누며 흘려보내는 것이 나의 방식이었다.

그러다 어느 날, 중요한 깨달음을 얻었다.

'그래, 누구나 살다가 다 죽는다. 나도 죽는다.'

그리고 죽을 때 이 땅에서 가져갈 수 있는 것은 아무것도 없다. 그 사실을 마음 깊이 받아들이자 돈에 대한 집착

이 조금씩 사라졌다. 돈의 진짜 주인은 내가 아니라 하나님이라는 것을 깨닫게 되었다. 그때부터 나는 돈에 대해 불편하고 속상했던 마음에서 벗어나 홀가분함과 자유로움을 느끼기 시작했다.

돈은 단지 흘려보내는 도구일 뿐이었다. 그래서 오늘도 나는 혼자 아이를 키우는 모자 가정과, 부자 가정의 아이들을 함께 돕고 있다. 부모들이 마음 놓고 일할 수 있도록, 아이들이 편안하게 지낼 수 있도록 공간을 마련했다. 작은 평수지만 아파트마다 아이들을 맡기고 부모들은 자신의 자리로 출근한다. 그리고 나는 그 공동체 안에서 함께 웃고, 울고, 성장한다.

"온이 엄마, 출근하니?"

"서아 아빠, 잘 다녀와요!"

오늘도 이곳에서 들려오는 인사 소리가 내 마음을 따뜻하게 채운다. 나 역시 두 딸과 사위들의 도움을 받으며 이 일을 해나가고 있다. 그들의 응원 덕분에 나는 매일 힘차게 하루를 시작한다.

돈의 많고 적음이 나의 가치가 아니라는 사실을 이제는 안다. 베푸는 이유는 단순하다. 사람은 누구나 죽고, 돈은 내가 가진 것이 아니라 하나님께서 잠시 맡기신 것임을 알기 때문이다. 그래서 나는 오늘도 이렇게 다짐한다.

"잘 벌어서, 잘 쓰자."

돈은 내 손에 쥐고 있는 것이 아니라 세상을 아름답게 만드는 흐름 속에 있어야 한다. 내가 그 흐름의 작은 통로가 되기를 바라며, 오늘도 성실히 벌고 기쁘게 나누며 살아간다.

곱게 될 우리

주시연

"나 회사 갔다 올게."
어머니가 나가시고, 아버지가 나가시고, 돈이라는 것을 벌어 오셨다.

눈에 보이는 게 전부 다 내 것이어야만 한다는 욕심 때문에 부모님의 수많은 시간과 노고를 쓸데없는 물건과 바꾸어 왔다.
그 당시 너무나도 행복해하던 나를 떠올리면 한심한 마음이 폭포처럼 흘러나온다.

그 뒤로부터 나는 돈을 쓰는 대신 모으기 시작했다. 어느 날, 어머니가 주식 투자에 대한 얘기를 하셨고 나는 한번 해 보기로 결심했다.

그리고 모았던 돈을 투자해 보았다. 주식 투자를 한 지 3년 후, 두 배 가까이 되는 돈을 벌었다. 어머니의 조언 덕분에 난생 처음으로 돈을 벌 수 있었다. 꽤 신기한 경험이었다.

11년 후, 나는 명문대 법학과 등록금을 어릴 적 내가 주식으로 벌었던 돈으로 냈다. 로스쿨을 졸업하고 그로부터 7년 후, 나는 공보판사가 되었다.
주식도 꾸준히 하고, 일하며 돈을 벌다 보니 30살이 되기도 전에 20억을 모으게 되었다.

나의 가족과 부모님 그리고 친구들이 내 곁에 있었기에 가능한 일이었다. 나는 부모님과 매년 해외여행을 다니고, 부모님이 원하는 것은 다 사 드렸다. 그리고 부모님을 곱게 모셨다.

부의 진정한 의미

하영숙

　부자란 무엇인가? 사전적 의미로는 재산이나 돈이 많은 사람을 뜻한다. 하지만 삶을 살아가며 깨닫는 것은 부의 기준이 단순히 물질적 풍요로움에만 있지 않다는 것이다. 물질적 부자와 마음의 부자는 전혀 다른 개념이며, 무엇보다 부의 기준은 내가 어떤 가치관을 가지고 살아가는지에 달려 있다. 어떤 이에게는 시간의 자유가 가장 큰 부일 수 있고, 또 다른 이에게는 건강이, 혹은 의미 있는 인간관계가 진정한 재산일 수 있다. 같은 조건에서도 한 사람은 부족함을 느끼고 다른 사람은 충분함을 느끼는 이유가 바로 여기에 있다.

　하지만 현실적으로 자본주의 사회에서는 돈이 기준이 될 수밖에 없다. 의식주부터 교육, 의료에 이르기까지 삶의 모든 영역이 돈과 직결되어 있기 때문이다. 돈은 사회적 지위의 척도가 되고, 선택의 자유를 보장하는 수단이 된다. 이런 현실은 고통이고 기쁨이다. 끝없는 경쟁 속에서 느끼는 불안감과 결핍감은 고통이지만, 동시에 경제적 자유가 주는 해방감과 성취감은 분명한 기쁨이다. 우리는 모두 이 모순 속에서 자신만의 균형점을 찾으며 살아간다.

나의 부에 대한 인식은 부모님의 삶을 통해 형성되었다. 공무원이셨던 아버지와 4남 1녀를 키우신 어머니. 그분들의 삶은 온전히 가족에 대한 희생과 헌신이었다. 그 시절 우리 집은 넉넉하지 않았다. 언니들의 교복을 물려받아 입고 다니는 것이 자연스러웠고, 그것을 창피하다고 생각하지도 않았다. 오히려 그런 소박한 일상 속에서 진정으로 중요한 것이 무엇인지 배울 수 있었다.

아버지는 손재주가 뛰어난 분이셨다. 마치 맥가이버처럼 무엇이든 뚝딱뚝딱 만들어 내시는 모습이 아직도 기억에 생생하다. 작은 공방이라도 차려드려서 그곳에서 만들고 싶은 것들을 마음껏 만들 수 있도록 해드리지 못한 것이 지금도 후회로 남는다. 어머니는 88세가 되어서야 그림을 그리기 시작하셨다. 붓을 들고 계시는 모습을 보며 깨달았다. 어머니에게는 화가의 소질이 있었던 것이다. 하지만 그 재

능은 자식들을 키우는 동안 깊이 묻혀 있어야 했다. 오랜 세월 동안 자기실현의 기회를 포기하고 오직 가족을 위해 살아오신 것이다.

부모님이 안 계셨다면 오늘의 내가 있을 수 없었다. 이는 단순한 생물학적 사실을 넘어선 깊은 진리다. 부모님의 희생과 헌신이 있었기에 지금의 나는 존재할 수 있고, 나름의 꿈을 키워갈 수 있었다. 그런 점에서 나는 행복한 사람이다. 부모님이 물려주신 가장 큰 유산은 돈이 아니라 사랑을 아는 마음, 감사할 줄 아는 마음이다. 이것이야말로 진정한 부가 아닐까. 많은 사람들이 부모님의 희생을 당연하게 여기거나 미처 깨닫지 못하고 살아간다. 그 희생의 무게를 인식하고 감사할 수 있다는 것 자체가 이미 큰 행복이자 마음의 부다.

하지만 지금은 어떤가? 물질적 풍요가 넘치는 시대에 살면서도 정작 사람들은 더 불안해하고 더 부족함을 느낀다. 언니들의 교복을 물려받아 입던 그때보다 지금이 물질적으로는 훨씬 풍요롭지만, 마음의 평화는 오히려 그때가 더 충만했던 것 같다. 부모님을 통해 배운 것은 물질적 돈보다 더 중요한 가치들이었다. 서로를 아끼는 마음, 만족할 줄 아는 마음, 감사할 줄 아는 마음. 이런 것들이야말로 진정한 부의 근본이 아닐까. 이제 중요한 것은 부모님의 희생과 헌신을 어떻게 삶으로 표현할 것인가다. 그분들이 이루지 못한 꿈들을 기억하며, 나 역시 의미 있는 삶을 살아가는 것이 진정한 보답일 것이다. 자본주의 사회에서 돈은 여전히 중요한 기준이겠지만, 그것이 전부는 아니라는 것을 부모님을 통해 배웠다. 그러므로 물질적 부자보다는 마음의 부자가 되는 것이 내 삶을 더 풍요롭게 한다는 확신이 든다. 우리 부모님은 하고 싶은 것들을 하지 못하셨지만, 그 헌신과 희생의 덕분에 자녀들은 더 나은 삶을 살 수 있었다.

   진정한 부는 누군가를 위해 자신을 내어줄 수 있는 사랑이고, 그 사랑을 받고 자란 사람이 다시 세상에 선한 영향력을 미치는 것이다. 부모님의 희생 위에 선 나의 행복. 이것을 잊지 않고 살아가는 것이야말로 내가 할 수 있는 가장 값진 일이 아닐까.

제4장

흘러가기 : 감사의 풍경

4장은 마음 속 감사의 풍경을 편지에 담아 흐르게 하는 시간입니다. 감사에게 편지를 쓰며 우리의 과거와 현재, 미래를 부드럽게 이어주었습니다. 힘들고 외로웠던 순간조차, 뒤돌아보면 감사로 채워져 있음을 알게 됩니다.

감사는 상황에 머무르지 않고, 해석과 통찰을 통해 살아납니다. 글을 쓰는 동안 감사와 함께 걷고, 감사 속에서 나를 발견합니다. 작은 손길과 말, 눈빛과 기억까지 모두 감사의 풍경으로 물듭니다.

'흘러가기'는 삶의 강물에 감사를 실어 보내는, 평온하고 따뜻한 여정입니다. 그 길 위에서 우리는 감사와 함께 현재를 살아가고 다가 올 미래에 희망을 품을 수 있었습니다.

우린 참 괜찮은 친구야

강승구

안녕, 나의 감사야!
15년 인생 살며 처음으로 너에게 편지를 쓰는구나.
살포시 눈을 감으며 들숨과 날숨으로 너를 느껴보고 있어.
뭉클하고 벅찬 감동이 가슴에 울려 퍼지는듯해.

항상 단짝 친구와 함께했던 나,
축구선수가 되겠다 다짐한 나,
중학교에서 새로운 친구들을 사귄 나,
공부하는 나,
친구들과 가족들에게 꾸준한 감사를 느끼는 나.
이런 나와 항상 함께한 너는 어떤 감정을 느낄까?

친구와 함께 달릴 때 여러 가지 신선한 감정들을 느끼고,

샤프 꼭 쥐고 종이 위 사각사각 공부하고,
통통 공 튕기는 소리에 못 참고 친구들과 축구하고,
시원한 음료수까지 마시고….
나의 일상을 감사로 만들어주는 친구들과 찍은
멋진 단체 사진을
너에게 보여주고 싶어.

너와 함께 멀고도 가까운 가능성을 향해
힘차게 달려가는 나의 모습을 상상해 본다.
좁은 구멍 사이로 새어 나오고 있는 저 빛,
바로 가능성이야.
내가 바라보는 곳마다 빛이 생기는 듯해.
무언가를 인증하지 않아도 되는,
어떠한 것도 제한받지 않아도 되는,
그런 빛 같은 자유 속에서
오늘도 살아가고 있어.

나의 감사야!
앞으로도 나와 함께해 주겠니?
내가 가능성을 향해 한 걸음 더 나아갈 수 있도록 말이야.

너와 함께라면 모든 것이 선물이 되고
마음이 건강해지는 것을 느껴.
함께 성장할 우리의 모습이 너무 기대돼!

우린 참 괜찮은 친구야.

나의 마음속 숲에서

고명진

나의 감사야,
처음으로 너에게 편지를 쓰고 있어.
숲속에 앉아 바람을 느끼듯,
들숨과 날숨 그 사이의 짧은 순간에
너를 느껴보았어.
마음이 뻥 뚫리듯 시원한 기분이야.

의사가 되고 싶다던 나,
화가가 되고 싶다던 나,
피겨 스케이팅 선수가 되고 싶다던 나,
그리고 발명가가 되고 싶어 노력하는 지금의 나까지.
매 순간 꿈을 바꿔가며 나의 삶을 만들어 갈 때,
넌 어떤 생각을 했을까?

길가의 예쁜 꽃을 보며 감탄할 수 있게 해 주는 너에게,
맴맴 매미 소리를 들으며 마음을 편하게 해 주는 너에게,
성공해 가는 나의 모습을 보여주고 싶어.

너와 함께 나의 마음속 숲을 걷는 모습을 상상해 본단다.
무언가 틀에 갇히지 않는, 그 짧은 고요의 순간 속에서
자유를 느끼고 있어.

나의 감사야!
앞으로도 내 옆에서 친구로 지내 주고,
내가 자유를 누릴 수 있게 도와줄래?
너와 함께라면 나의 하루하루는 기쁨이 되고,
나의 진짜 길도 찾을 수 있을 거라고 믿어.
너와 함께할 내가 기대돼.
우린 참 좋은 친구야.

이끔

김경화

나의 감사야,

나는 숨을 내쉴 때 깊은 편안함을 느낀단다.
그 순간, 내 안의 무거움이 흘러나가고
자연이 내게 쉼을 선물해 줌을 깨닫는다.

일의 버거움과 사람들 앞에 서야 했던 떨림,
모두 너의 품 안에서 내려놓을 수 있었어.

협업의 자리에서
사람들이 계획된 일에 참여하지 않아도
그 빈자리로 인해 스트레스를 받지 않고
오히려 자유로움을 느낄 수 있음에 감사한다.

작은 일상도 선물이 되고,
내 걸음마다 평안이 스며들기를 소망한다.

오늘도 나를 깨워 주고,
자유를 느낄 수 있도록 이끌어 주는 너.
너에게 다시, 고마움을 전한다.

고맙다, 나의 감사야.

백만불짜리 내 다리

김나림

20대 8월 무더위는 나에게 피할 수 없는 쉼을 주었고
40대 지금 8월은 나에게 자연을 선물했네

37도가 넘는 뜨거운 태양 아래
해파랑길을 10km 넘게 걷고 있는 내 다리를 보니
추운 겨울을 견디고
죽은 나무 사이에서 피어나는 연두색 새싹처럼
얼마나 기특한지
얼마나 감사한지

백만불짜리 내 두 다리는
맨발 걷기처럼 꾸밈없이 진솔하게
나와 우리 가족 그리고 팀들을

삶의 질이 높아지는 곳으로 초대할 것이다

34년 전 잃어버릴 뻔한 내 다리가
42.195km 도전까지
얼마나 기특한지
얼마나 감사한지

멍하니

김명희

2025년 9월 19일 금요일 오전 10시 30분,
겨우 제목 하나 써 놓고 멍하니 있을 수 있는
이 순간을 나는

'지금'이라 쓰고
'감사'라고 말한다.

반갑다, 감사야!
성큼 나타나 주어 고맙고
이제야 알아봐서 미안해.

언제부터였을까?
너를 못 알아본 그 세월이.
오늘은 안 맞을까, 언제 또 맞을까, 두려움으로 있었고

엄마는 언제 올까, 생각조차 못하고
생존과 불안으로 버텼다.
찬이 없어 혼자 초고추장에 밥을 비벼 다섯 그릇을 먹고서
고독한 졸림 속에 있었고
1분 간격으로 속쓰림에 위장이 녹아내리는 것 같다가도
괜찮아지는 당황스러운 고통으로 있었고
곧 심장이 멎어 죽을 것 같아 차라리 죽기를 바라도
죽지 않는 절망스러움으로
너는 내 곁에 있었구나!

두려움, 불안, 고독, 고통, 절망으로 살아온 너의 이름이
감사라는 것을 그땐 미처 몰랐어.
나는 너무 어렸고
너게 감사인 것을 아무도 가르쳐주지 않았거든.

얼마나 서운했을까!
그럼에도 단 한 번도 물러나지 않고
묵묵히 살아내 줘서 고맙다.
앞으로는 어떤 순간에도 꼭 알아볼 거야.
내가 너를.

5,000일 그리고 10,000일

김민주

3,100일 나와 동행해 준 고마운 감사야.
오늘도 길 잃지 않고 일찍 와 주었네.
너를 만난 이후 불안과 두려움을 인정하고
지금의 나를 토닥토닥해 주는 사랑을 만났어.
고마움에 눈물이 나.

설거지하다 그릇을 깨트려서 혼날까 봐 무서움에 떨던 나.
대학캠퍼스 낭만이 미치도록 그리웠던 나.
전쟁 같은 사회생활에 적응하려 몸부림치던 나.
싱글맘을 선택하고 죽기보다 싫었던 나.
마음 한편에 숨겨 두었던 나의 꿈인 작가가 된 나.
아들과 함께 글 쓰는 엄마가 된 나.

모든 순간 내 곁에 머물러 주었던 감사야.
나, 잘 살고 있는 거 맞지?

새소리를 들으면서, 뜨거운 햇살 아래
아들과 함께 달리며 소리 내 웃고,
하늘과 맞닿을 듯한 멋진 브런치 카페에서
맛있는 파스타를 먹고,
함께 있다는 것만으로도
충분히 행복한 엄마와 아들의 순간들을
너에게 보여주고 싶어.

고마워, 감사야.
네 덕분이야.

"엄마랑은 대화가 안 돼. 잔소리 그만해."
쾅 하고 닫힌 아들의 방문을 녹일 만큼
레이저를 쏘는 엄마의 모습 보이지?
감사야, 너라면 어떻게 할까?
잠깐 멈추어서 하늘 한 번 바라보고
평화롭고 행복한 시간을 위해 연결 고리를 만들어 봐야지.

평생 친구 감사야!
5,000일 그리고 10,000일 앞으로도 나와 동행해 줄 거지?

너로 인해 새로운 삶을 살아가는 내가 대견하지?
바쁘다고 감사 네가 나에게 오지 않는 날이면
끝까지 내가 널 찾아갈 거야.
나 한다면 하는 사람인 거 너도 알지?
앞으로 어디 갈 생각하지 말고 내 옆에 꼭 붙어 있어 줘.
나도 참 괜찮은 사람으로 살고 싶으니까.

고맙고 또 고마운 감사야.

내가 가는 길 환한 빛으로 동행해 줄 너에게 미리 감사해.

먼저 미리 언제나

김보승

안녕, 감사야.
오늘은 네가 별로 반갑지 않아.
지금 내 몸 상태가 엉망이라서 누가 와도 힘들어.
미안해.

어린이집 가기 싫어서 온몸으로 울었던 나.
엄마가 회사 가는 게 싫어서 가지 말라고 떼쓰던 나.
공부하는 게 힘들어서 짜증이 쌓여가는 나.
감사야,
내가 이럴 때마다 너는 무슨 말을 해 주고 싶어 했니?

딸칵딸칵 신나게 움직이는 키보드 소리에 즐겁고,
친구들과 이야기하면서 스트레스가 풀리고,

푸른 바다를 바라보며 달콤한 치즈케이크를 먹으면서
행복한 미소를 짓던 나를 너에게 보여주고 싶어.

때로는 넓은 바다처럼 모든 것을 수용하고,
묵묵히 자리를 지켜 내는 뿌리 깊은 나무처럼
내 주위 사람들과 신뢰를 바탕으로
앞으로 더 단단하게 자라는 내 모습을 지켜봐 주겠니?
감사야,
네가 함께해 준다면
신뢰 가득한 내 삶을 만들 수 있을 것 같아.

나 이제부터 짜증 내는 일을 줄이고, 많이 웃으면서 지낼게.
네가 필요하면 언제든지 나한테 달려와 줄 수 있어?
먼저 감사.
미리 감사.
언제나 감사.

나, 감사 너랑 친구가 되어서 정말 좋아.

지금 너와

김이루

감사야,
내가 여러 편지를 써봤지만
너에게까지 쓰게 될 줄은 몰랐어.

시끄럽게 노는 동생들 사이에서 조용히 책을 읽던 나,
고모와 헤어질 때면 울고불고 했던 나,
언제부터였는진 모르겠지만 작가의 꿈을 가진 나.
너랑은 항상 함께였던 것 같아.
내가 너와 함께했던 순간들 중
네가 가장 좋아한 순간은 언제였니?

방학 동안 게임만 한 것 같아 살짝 후회도 해보고,
약 한 주 뒤로 다가온 개강을 믿지 못하고,

친구들이랑 놀러 갈 땐 즐거운 마음으로 채워졌어.
게임에서 이겼을 때, 친구들이랑 놀 때의 행복한 웃음을
너에게 보여주고 싶어.
집에만 있던 내가 너와 함께 이곳저곳을 누비고 있어.
바닷가에서 저녁노을에 반짝이는 윤슬을 바라보고,
푸르른 초원을 둘러보며,
높디높은 산꼭대기를 올려다보고 있어.
평소에는 해보지 못했던 것들을 이렇게 상상해봤어.

지금까지 너와 함께했었고,
지금 너와 함께이길 원하고,
지금 이후부터도 너와 함께 살고 싶어.
너 없는 날들은 공허한 흉년 같을 거야.
나에게 벼와 같은 존재인 너,
나와 평생을 함께하지 않을래?

너였구나

김종순

나의 감사야!
이제야 비로소 고백할 수 있게 되었어.
숨 쉬는 순간마다 곁에 있었던 이름,
나를 이끌어 준 보이지 않는 동행자,
그것은 다름 아닌
감사, 너였구나.

삶의 길을 잃고 흔들릴 때마다
너는 내 곁에 와서 조용히 손을 잡아주었지.
그 손을 잡고 함께 걸을 때,
비로소 나는 삶을 신뢰할 수 있었어.

주님은 내게 아이들을 선물해 주셨단다.

어머니라는 이름을 지니게 하셨고,
또한 주님의 아이들을 돌보게 하셨어.
작은 손짓 하나, 맑은 눈빛 하나 속에서
나는 하나님의 진짜 사랑을 배워 갔어.
그 아이들은 내 삶의 이유가 되었고,
내 앞길을 밝혀주는 창조의 빛이 되었지.
사십 년이 넘는 세월 동안,
나는 오직 이 길만을 달려왔어.
주님께서 주신 신뢰와 축복의 선물이었음을 고백해.

나는 아이들의 영혼 속에
말씀의 씨앗을 심었고,
그들의 가정마다
주님의 향기를 흘려보냈어.
그 힘은 모두 너에게서 비롯되었단다.

감사 덕분에 끝까지 달릴 수 있었어.
감사 덕분에 아이들이 더욱 아름답게 보였어.
감사는 나에게 빛이 되어 주었고,
웃음을 선물해 주었으며,

회복과 기쁨을 안겨주었어.

그래서 나는 오늘도 속삭여.
"감사야, 너를 만나 나는 평온했고,
그리고 참으로 행복했다."

백년의 맥, 이어가는 길

김채완

한 세대가 흘러가면
또 다른 세대가 꽃을 피웁니다.

엄마의 지혜가
김채완의 손끝으로 전해지고,
이제는 막내아들 종오의 심장 속에
다시 살아납니다.

어린 나이에
녹야원의 깊은 맛을 척척 해내고,
경영의 길도 한 걸음씩 익혀가는 종오.
그 곁을 지켜보는 마음은
감사와 뿌듯함으로 가득합니다.

때론 부딪히고 힘들어도,
조금씩 서로를 받아들이며
더 큰 사람이 되어 가겠지요.

이 길은 단순히 가게의 역사가 아니라
백 년을 이어가는 한식의 맥,
전통과 현대가 만나
새로운 가치를 빚어내는 소중한 업적입니다.

녹야원은 한 끼의 밥상 너머로
사람과 세대를 잇는 다리,
건강과 지혜를 전하는 길이 됩니다.

그 길 위에,
세대를 이어 더 나은 내일을 꿈꾸게 하신
모든 은혜에 깊이 감사드립니다.

행복감 만족감 풍요로움

박미경

감사야, 안녕!
숲에서 들려오는 새들의 노래,
풀벌레 소리와 함께 찾아온 너를 느끼니
내 마음에 평온함이 가득하구나.

냇가에서 가재 잡고, 헤엄치고,
놀이 후 뙤약볕에 뜨끈뜨끈하게 달궈진 돌멩이를
귓가에 대며 귓속의 물이 빠지라고 톡톡거리던
어린 시절의 나.
하굣길 십 리를 걸으며
차비 대신 뽑기 과자를 사 먹고 재잘거리던 시절.
열심히 일하다 여름이 오면 동료들과 여름휴가를 함께하며
즐겁게 여행하던 그 시절.

걸어다니는 백과사전이라 불릴 만큼
모르는 것이 없어 보이던 그 사람과 인생 동반자가 되어,
멋진 아들, 희망 아들을 품에 안고 기쁨이 가득했던 날들.
아침, 저녁으로 운전하며 출퇴근할 때
여름이면 늘 길가에서 반겨주던 배롱나무 꽃.
가르치는 선생님이 되고 싶었던 나,
해맑은 아이들을 가르치며
아이부터 노인까지 다양한 사람들을 만났던 시간들.
그 안에서 언제나 나의 곁을 지켜주었던 감사야,
너는 나를 보며 어떤 느낌이었니?

섬마을에 피어난 알록달록 꽃들은 너의 향기를 부르고,
푸른 바다는 넓은 마음을 나누고,
햇살 깃든 오솔길에서는 도란도란 너와의 나눔이 이어진다.
감사야,
너는 행복을 충전해 주는 에너지가 되어
나의 세상에 밝은 빛을 전해주는구나.
너와 함께라면 늘 행복하고 즐거워
내가 가는 길은 언제나 빛날 거야.
행복감, 만족감, 풍요로움으로 가득 차

어느 곳에서든 그 빛을 잃지 않을 거야.

늘 내 곁을 지켜주는 소중한 친구, 감사야!
고마워.

이제 나는 안다

박은주

감사는 언제 찾아오는 것일까.
큰 상을 받을 때만, 뜻밖의 행운을 얻었을 때만
피어나는 감정일까.
아니면 눈물 위에 스며드는 햇살처럼,
폭풍 속에서도 피어나는 작은 꽃처럼,
짙은 어둠을 뚫고 나타나는 별빛처럼
조용히 내 안에서 깨어나는 것일까.

삶의 어느 모퉁이에서 가족은 내게 답답함으로 다가왔다.
아이들은 내 뜻대로 따라주지 않았고
남편은 나를 주저앉히는 것처럼 보였다.
자존심이 무너지고 섭섭함이 차올랐다.

글을 쓰며 내 마음을 돌이켜본다.
나는 그들을 밟고 올라서
나의 자리를 만들려 했던 것은 아닐까.
사실 그들은 걸림돌이 아니라
내 삶을 비추는 거울이었다.
그 거울 앞에서 결국 바뀌어야 할 이는
남편도, 자녀도 아닌 바로 나 자신임을 깨닫게 되었다.

그 길 위에서 나를 붙들어 준 손길들이 있었다.
기도로 곁을 지켜 준 이들,
말씀으로 길을 밝혀 준 이들,
묵묵히 동행하며 웃고 울어 준 이들.
그 한 사람 한 사람이 나를 견디게 했고,
그 모든 만남은 은혜였으며,
곧 감사의 제목이었다.

나는 이 과정을 알면서도 오랫동안 외면해 왔다.
그리고 고백한다.
글쓰기와 함께했던 시간은 내 마음을 열어 주었고,
또 다른 거울이 되어 나를 비추었다.

글쓰기를 통해 나는 내 마음을 확인했고,
감사의 눈을 새롭게 뜨게 되었다.

이제 나는 안다.
감사는 단순한 감정이 아니라, 진중한 태도이다.
감사는 찰나의 순간이 아니라, 삶 전체를 물들이는 힘이다.
감사는 상황에서 비롯되는 것이 아니라,
그 상황을 어떻게 해석하느냐에 따라 생겨난다.

그러므로 나의 삶이 감사로 물들고,
감사로 번져 나가기를,
오늘도 나는 간절히 바라본다.

나의 짝사랑에게

송태순

너, 나랑 같이 있었구나.
창틀에 앉아 나를 바라보고 지켜주고 있었어.
이제 너를 정확히 보았어.

사실 네가 있다는 건
5년 전 아침 독서 모임을 하며 알았지.
어떤 날은 기쁨에 숨이 막히고,
어떤 날은 놀라운 에너지에 가슴 벅차고,
또 어떤 날은 생동감에 눈부시게 나를 맞아주는
너를 말이야.
그렇게 너를 만났지만,
나의 고집이 너를 오래 머무르게 하지는 못했어.
하지만 이제는 믿는단다.

나와 늘 함께 숨 쉬고 있는 너를 말이야.
영원히 너를 보고, 느끼고,
코끝으로 향기도 맡으며 동행할게.
감사해.

기억하니?
나의 중학교 시절,
키도 크고 남성미가 넘치는 물리 선생님을 좋아하던 나.
고등학교 가서는 부드러운 서울 말씨에
키 크고 잘생긴 수학 선생님을 좋아하던 나.
김종찬, 이승철 콘서트를 다니던 나.
짝사랑에게 편지쓰기에 시간을 보내던 나를 오늘 만났지.
그럴 수 있었던 건
네가 항상 나와 함께 해 주었기 때문이야.
혹시, 너도 나를 짝사랑한 거니?
너의 짝사랑은 어땠어?
나는 말이야.
혼자 있는 게 힘들었던 것 같아.
한때는 그런 내가 싫었고, 이기적이라 여겼고,
모든 걸 포기하고 싶었고 우울했어.

하지만 지금은 그런 나를
온전히 사랑하고 감사하고 고마워하고 있어.
네 덕분이야.

요즘 나는 너에게 푹 빠져있는 것 같아.
아들의 큰 티셔츠를 대충 개어 두었는데,
이제는 예쁘게 개어서 넣어 두니 뿌듯해.
여름철 밥통 안 묵은 밥은 냄새가 나지만,
한 공기씩 얼려 냉장고에 넣어두고
가족의 건강함을 위해 기도할 때 흐뭇해.
설거지통을 항상 비워서
언제든 음식을 할 수 있는 주방을 만들고 있는
나 자신을 위해 기도해.
이렇게 가까운 곳에서
천국을 만드는 비밀을 알게 되어 너무 기뻐.
고마워.

앞으로 더 멋진 모습으로 너를 만날 것을 약속해.
거실에 매트리스를 깔고 스트레칭하며,
내 몸을 사랑하는 시간도 약속해.

욕실 거울에 물방울이 튀어 뿌옇게 되면
깨끗하게 닦고 나를 보는 시간도 말이야.
가족들의 기분도 관찰해 보고 싶어.

창틀에서 내려와 나랑 차 한잔해.
최근에 배운 방법으로 게이샤 커피 한 잔을
너랑 나눌 수 있는 지금처럼,
진심 가득한 마음으로 사람들과 만나서 독서하고,
트래킹하고, 러닝하고, 맛있는 음식 먹고, 명상하고,
나누는 삶을 상상해.
삶에 의미와 가치를 찾아내어
나의 존재를 온전히 드러내고 빛나게 해서
또 다른 나의 모습으로 태어난 것처럼 말이야.
신께서 나에게 허락한 것이 이런 거였어.
나에게 가장 소중한 것을 이웃에게 나누는
그 마음이면 충분해.
그러기 위해선 나를 온전히 사랑하고
진심으로 대하는 것을 실천하는 내가 되어야겠어.
고마워.

변화하고 있는 요즘, 너의 생각이 저절로 났던 거야.
나의 감사야, 지금처럼 항상 나와 함께해줘.
다시 성장할 미래의 나를 위해 언제나 꿈을 꿀 테야.
이제부터 너는 나의 또 다른 짝사랑의 주인공이 되었어.
나의 사랑을 받아주겠니?

너의 짝사랑으로부터

강물 그리고 바다

신시옥

나의 사랑 감사야!
항상 너를 곁에 두고 있단다.
그리고 새소리가 아름다운 맑은 아침에는
고요한 들숨과 날숨 가운데
너를 살포시 느껴 본단다.

초등학교 입학통지서가 나오지 않아 하루종일 울었던 나,
호적 나이 여섯 살에 초등학교 입학을 했었지.
처음으로 부모님 곁을 떠나 타지에서 고등학교에 다닌 나,
열심히 공부해서 대기업에 입사하고, 사내 결혼까지 했단다.
몇 년의 기다림 끝에 아들, 딸을 낳아 엄마가 되었지.
삶의 모든 순간마다 내 곁을 지켜준 감사야!
너는 나를 보며 어떤 마음이었을까?

이십팔 년을 함께한 내 편을 떠나보내고
그리움에 강물처럼 울었지.
그리고 떠난 자리에 세상에서 가장 소중한 선물,
손주들이 찾아왔단다.
은규에게 그림책을 읽어주고, 백일 된 수아를 안아줄 때
내 마음엔 바다 같은 사랑이 넘쳐흘렀어.

나의 일터, 푸른초장에서 아이들과 놀이할 땐
윤슬처럼 마음이 반짝거려.
매일 아이들 마음속에 자라나는 씨앗을 보는 즐거움에
힘든 줄도 모른단다.
어떤 꽃으로 피어날까 기대하며
사랑을 듬뿍 주는 기쁨의 나날들이 참 좋아.

너를 만나서 불평이 떠나가고 행복이 찾아왔단다.
고마워 나의 친구야!
너와 함께 고즈넉한 숲길을 걷고 있는
나의 모습을 상상해 본다.
나무 사이로 들어오는 빛줄기가
내가 가야 할 길을 비추는 듯해.

바쁜 일상에서도 마음의 여유를 만들고 싶어.
신께서 허락해 주신 시간을 허투루 쓰지 않고
세월을 아껴야지.

행복의 문을 여는 열쇠, 감사야!
더 나은 삶을 위해 걷는 나의 길 위에 언제나 동행해 줄래?
너와 함께라면 광야 같은 세상 길도 두렵지 않을 것 같아.
우리 단짝이 되어 힘든 세상에 행복의 문을 열어 주는
희망이 되자꾸나.

너와 함께한 모든 순간

유나훈

나의 감사에게
감사야, 안녕? 난 나훈이야.
어쩌다 보니 너에게 편지를 쓰게 됐네.
나의 들숨과 날숨 밖에서 느끼게 되는 이 고요 속에서
너에게 편지를 쓰고 있다니, 참 신기해.

어린이집에 가기 싫다고 울었던 나,
유치원에서 종이접기를 좋아했던 나,
친구들과 아무 걱정 없이 놀았던 나,
정강이가 부러져 울었던 나,
그리고 친구들과 싸웠던 나.
모든 순간 나랑 함께했던 감사야,
너는 나를 어떤 모습으로 기억하고 있니?

하늘에 있는 구름이 아름답다고 신기해하고,
친구들과 축구하며 골을 넣었을 때,
시험에서 100점을 받았을 때,
인생 최고 몸무게를 찍었을 때,
나의 모든 모습을 너에게 부끄럼 없이 보여주고 싶어.

너랑 재미있게 놀고 있는 나를 떠올려 본다.
따사로운 햇살이 우리를 비추며,
어디든 갈 수 있는 용기를 북돋아 주는 것 같아.
나의 감사야,
앞으로도 날 많이 도와줄 수 있어?
그렇게 해 준다면,
모든 일을 소중히 여기고 무지무지 행복할 것 같아.
너와 함께할 순간들이 기대돼.
우리, 좋은 친구가 되어 보자.

빛을 따라 걷는 감사의 길

유명순

후~ 흐음.
후~ 흐음.
날숨과 들숨을 반복하자 배가 빵빵해지며 포만감이 밀려왔다.

4년 전, 성대폴립 수술 후 호흡을 연습하던 시간이 떠오른다.
"미야~ 미야 미~."
"솔 파 미 레 도."
끝없는 반복 속에서 호흡을 단련하던 그날들. 빨대를 입에 물고, 컵에 담긴 물을 "후~!" 불자 물방울이 보글보글 일렁였다. 그 순간, 가슴이 벅차오르고 눈물이 차올랐다. 말한마디 못 하고 치료에 집중했던 그 모든 시간을 이제야 다독여 준다.

"고맙다."

"수고 많았다."

50대 초반의 나는 캄캄한 밤 속에 있었다. 제대 후 복학해 졸업을 앞둔 아들이 있었지만, 몸과 마음이 지쳐 있었다는 것을 몰랐다. 축 처진 모습으로 침대에 누워 있는 아들, 힘 빠진 남편의 어깨. 우리는 바람 빠진 타이어처럼, 험한 산길을 질주하듯 걸어왔다.

남편은 기도하기 위해 지하 예배실로 향했다. 그 뒷모습을 바라보며 안쓰럽기도 하고, 한편으로는 감사한 마음이 들었다. 하나님의 은혜가 아니었다면 지금의 모습은 없었을 것이다. 그때를 떠올릴수록 감사, 또 감사, 깊은 감사뿐이다.

아들이 회복되어 가정을 이루고, 두 딸의 아버지가 된 모습을 보니 감사가 더욱 깊어진다.

나는 "음~ 파" 하며 호흡을 고르고, 파란 물결 위에 몸을 띄운 채 자유형을 연습한다. 선생님의 지도 속에 한 손을 뻗어 팔 동작을 이어갔다. '수영 천재'라는 말을 들었다. 앞으로 더 잘할 거라는 격려에 감사했다. 쑥스럽지만, 팀 앞에서 시범을 보인 경험조차 감사하다.

　내 모습은 내가 직접 볼 수 없지만, 선생님의 말에 귀 기울이며 최선을 다하는 나 자신에게 고마움을 느낀다.

　나는 세상에서 빛의 역할을 하는 존재가 되고 싶다. 빛이 어둠을 물리치듯, 감사하는 마음으로 불안과 공포 속에 있는 이들에게 작은 빛의 안내자가 되고 싶다.

　까칠한 성격을 다독이고, 참아야 하는 순간을 견뎌 준 나의 마음이 고맙다. 힘든 이들을 빛으로 인도하고, 푸른 언덕을 함께 오르고픈 나의 진심을 스스로 인정해 주련다.

　상황이 어떠하든, 감사할 일을 찾으니 삶 속에 감사가 넘친다. 앞으로도 감사가 풍성하기를 기대한다.

　이제 나는 알았다. 감사는 단순한 감정이 아니라, 다시 일어서게 하는 힘이라는 것을. 어둠 속에서도 길을 밝히는 작은 등불처럼, 감사는 나를 지켜 주었다.

　오늘도 나는 숨을 고르고, 다시 걸음을 내딛는다. 나의 삶이 누군가에게 위로가 되고, 또 다른 빛이 되기를 소망하며, 나는 감사로 살아가련다.

나의 두 번째 봄

이숙희

감사야, 이제서야 너를 불러본다. 늘 곁에 있으면서도 나는 너를 외면하고 살았구나. 따뜻한 밥 한 끼, 함께 웃는 사람들, 오늘도 숨 쉬는 이 평범한 하루에도 너는 분명 있었는데 나는 무심했어.

미안하다, 감사야. 이제라도 너를 내 마음 깊이 새기고 싶다. 너와 함께 걸으며 나는 더 단단해지고, 더 따뜻해질 수 있을 테니까.

어린 시절, 장터는 작은 우주 같았어. 달콤한 옥수수 냄새, 과일 향, 수많은 발자국과 목소리로 가득했지. 그 소란 속에서 엄마의 손을 놓쳤을 때, 세상은 거대한 파도처럼 몰려왔어.

눈물이 터지기 직전, 익숙한 손길이 내 손을 감쌌고, 올려다본 엄마의 미소 속에서 세상은 제자리를 찾았지. 돌아보니 그날이 내 마음에 감사가 처음 새겨진 날이었어. 길을 잃은 두려움마저도, 엄마를 다시 만난 순간을 더 빛나게 해주었으니까.

고등학교 시절, 나는 작은 키로 학생회장 선거에 나섰어. "작은 고추가 더 맵다."는 말처럼 누구보다 열심히 뛰었지만, 결국 부회장으로 학교를 섬기게 되었지.
그때 내가 얻은 것은 자리보다 함께한 친구들이었어. 나의 작은 키와 큰 꿈을 믿고 응원해 준 그 손길들 덕분에 나는 끝까지 웃으며 달릴 수 있었어. 그날의 믿음과 우정은 지금도 내 안에 뜨거운 감사로 남아 있어.

대학 시절, 미래는 늘 안개 속 같았어. 불안하던 그때, 편한 친구이자 오빠 같은 남편을 만났지. 스물넷, 아무것도 모르던 나를 신부라 불러주던 남편. 소꿉장난 같던 신혼 속에서 나는 처음으로 '함께라는 힘'을 배웠어.
고마워요, 여보. 그때의 선택 덕분에 오늘의 내가 있고, 내일의 우리가 있어요. 당신과 함께 걷는 길, 나는 여전히 두렵지 않아요.

삼십 대의 나는 두 아이의 엄마였어. 포대기에 둘째를 업고, 첫째는 자전거 앞 의자에 태우고, 시장의 골목길, 수성못의 반짝임, 대구박물관의 돌계단을 함께 달렸지.

아이들이 자라자 자전거는 우리 셋의 작은 집이자 놀이터가 되었어. 그 시절, 내가 아이들을 키운 것이 아니라 아이들이 나를 웃게 하고 강하게 했음을 깨닫는다.

사랑하는 연정아, 승엽아. 너희가 있어 엄마의 삼십 대는 눈부시게 빛났단다.

사십 대의 나는 늘 공부와 함께였어. 무역학에서 시작해 교육학, 유아교육, 사회복지, 아동학까지 끊임없이 배우며 길을 걸어왔지. 아이들을 키우고 가정을 돌보며 이어간 배움의 길은 쉽지 않았지만, 포기하지 않고 나아간 나 자신이 자랑스러워. 공부는 나를 단단하게 하고, 세상을 넓게 바라보는 창이 되어주었어.

감사합니다, 나의 열정이여. 당신이 있었기에 지금의 내가 있습니다.

오십 대의 나는 새로운 길을 만났어. 효소 해독과 원적외선 의류를 전하며 건강과 재정의 자유를 나누는 카운셀러가 되었지. 처음의 두려움을 넘어 새로운 무대에 선 내 자신이 자랑스러워. 안전한 울타리를 벗어나 또 다른 가능성을 향해 걸어간 용기, 그 선택에 감사해. 그리고 오늘의 나를 있게 한 GSL이라는 선물에도 감사해.

감사야, 오늘도 네 이름을 부른다
어린 시절 장터의 엄마 손길,
열여덟의 뜨거운 우정,
스물넷의 결혼,
삼십 대의 자전거 추억,
사십 대의 배움,
그리고 오십 대의 도전.
그 모든 순간에 너는 늘 내 곁에 있었구나.

감사야, 이제는 내가 너를 잊지 않으리라. 삶이 기쁨일 때도, 눈물일 때도, 내 마음의 창가에서 나를 지켜다오. 오늘을 너와 함께 살고, 내일을 너의 이름으로 맞이하리라.

내 삶의 씨앗

이순자

어릴 적,
같은 꿈을 자주 꾸었어.
교복을 입고 학교 가는 길은 늘 신이 났고,
배움의 소중함은 그만큼 더 깊이 마음에 새겨졌어.

그러나 아침에 눈을 뜨면
아쉬움과 공허함이 몰려왔지.
세월은 흘러,
꿈속에서만 보였던 그 모습을
감사하게도 실제로 이루며 지내게 되었어.

스물여덟,
가정을 꾸리며 두 아들을 연년생으로 얻게 되었지.

숨 고를 틈도 없이,
엄마의 서툰 육아로 고단한 날도 있었지만
아이의 고운 숨결과 밤을 새워 지켜 본 정성,
내게 주어진 삶과 사랑으로
묵묵히 그 길을 걸어왔어.
홀로 감당해야 하는 무게에 지쳐 쓰러질 것 같았지만,
두 아들은 늠름하게 자라
나의 기쁨과 감사가 되었어.

지금껏 나는 하루하루를 감사로 채우며 살아왔지.
예순일곱 살이 되어 뒤돌아보니,
그 여정은 나를 단단하게 세워주었어.
가난했던 어린 날도,
늦게 핀 배움도,
버거웠던 양육의 시간도
오늘의 나를 빚어낸 축복이자 감사였어.

이제는 원장으로서,
아이들과 부모 그리고 교사와 함께
또 다른 감사의 날들을 이어가고 있어.

내 삶의 모든 고단함이 사랑으로 피어나고,
그 길에는 감사의 꽃이 뿌려져 있단다.

이름을 불러 줄 때

이은주

"내가 그 이름을 불러 주기 전에는 그는 다만 하나의 몸짓에 지나지 않았다."

김춘수, 〈꽃〉

나의 감사야, 널 떠올리고 가장 먼저 꽃이라는 시가 떠올랐어.

넌 오랫동안 내 삶의 창가에 앉아 있었지. 햇빛이 비스듬히 드는 오후마다, 먼 바깥을 보는 듯 마는 듯 창턱에 기대 앉아서 넌 나를 보는 듯 보지 않는 듯했어. 사람들에겐 그렇게 다정하고 자상하면서도, 이상하게도 내 앞에선 어딘가 불안하고 어색한 눈빛이었어. 나도 사실 널 잘 모르겠다는 표정이었고. 바쁘다는 이유로, 괜찮다는 핑계로, 난 널 자꾸

멀찍이 앉혀 두곤 했거든.

조심스럽게 사람들이 널 부르는 것처럼 나도 몇 번이나 널 불러 봤어. 아침에 눈 뜰 때, 일이 생길 때, 마음이 흔들릴 때마다. 그런데 그 소리가 이상할 만큼 쑥스러워서 금세 목에 삼켜 버리곤 했어. 내 삶에 아직 어울리지 않는 낯선 억양을 흉내 내는 사람처럼 며칠 웅얼거리다 말면 넌 다시 창가로 돌아가 무심한 얼굴로 바깥을 봤지. 내 안으로 들어오는 길을 내가 먼저 잠가 놓았다는 걸, 그때의 난 몰랐어.

그러던 어느 날, 아주 나이 많은 할머니가 차를 배우러 오셨어. 그 얼굴은 아이처럼 맑았고, 말투엔 행복이 넘쳐흘렀지. 칼질하면서도 "감사한 일이네", 물을 데우면서도 "감사한 시간이네", 덖음솥을 젓는 그 순간에도 "감사해 감사해" 하며 널 가슴에 꼭 안고 일하셨어. 그 모습을 보고 처음 알았어. '감사'라는 이름의 깊이와 넓이를 말이야. 그분의 미소는 보석처럼 빛났고, 어깨의 리듬은 하루를 춤추게 했어. 세상을 부르기 전에 너를 먼저 부르는 삶, 그 하루는 온통 별빛이더라. 나도 은근슬쩍 따라 해 볼 용기가 생겼어.

그날, 창가에서 먼 허공만 바라보던 너를 다시 불러 봤어. 이번엔 쑥스러움을 조금 참아 보기로 했지. 처음엔 너도 선뜻 대답하지 않았어. 오래 닫혀 있던 문이 삐걱 열리듯, 느릿느릿 내 쪽으로 한 걸음, 또 한 걸음. 그러다 아주 작은 미소 하나를 보여 줬지. 그 한 조각 미소가 내 마음의 전등을 켰어. 그 뒤로 알게 됐어. 감사를 부른다고 새로운 일이 생기는 게 아니라, 이미 있던 것들이 비로소 보인다는 걸.

그날 이후, 난 삶의 작은 결들을 다시 배우는 중이야. 주전자의 물이 막 끓기 직전 내는 은근한 울림, 찻잎이 물속에서 풀릴 때 들리는 바스락 미세한 소리, 뜨거운 향이 코끝을 스치며 이마 위에 살짝 불을 켜는 순간들. 예전의 난 이 모든 걸 '과정'이라고만 불렀어. 그런데 이제는 알아. 이게 다 '선물'이었다는 걸. 누군가의 손을 거쳐 내 손으로, 내 손을 거쳐 또 다른 누군가의 입술로 건너가는 따뜻한 선물. 네 이름을 불러 주자, 과정은 선물이 되고 일상은 풍경이 되었어.

감사야, 이제 널 내 마음 가장 따뜻한 자리에 앉히고 싶어. 창가의 빈 자리는 그대로 남겨 둘게. 바람이 펄럭이며 지나가도록 그 흔들림마저도 고맙게 볼 수 있게 되었으니까!
 때로 바람이 세차게 몰아쳐도, 난 먼저 네 이름을 부를 거야. 그리고 조금만 더 견뎌 볼게. 그러면 참 이상하게도, 흔들림은 금세 리듬이 되어 내 걸음을 다시 맞춰 주거든.

 할머니가 떠난 뒤에도 난 종종 그 박자를 떠올려. "이 또한 감사한 일이네." 그 말엔 억지로 밝은 척하는 힘이 없었어. 대신 고요하고 단단한 '동의'가 있었지. 삶이 이렇게 오고, 슬픔이 저렇게 지나가고, 기쁨이 다시 찾아오는 일에 대한 동의.
 그 동의가 어깨를 펴고, 입가에 작은 미소를 그어 주고, 하루의 중심을 지켜줬다는 걸 난 배웠어. 그분에게 차를 더 잘 덖는 법을 가르쳐주고 나는 그분에게서 감사를 배웠어. 그 분은 마음의 온도를 오래 지키는 불길을 보여 주셨지. 그 불은, 이름을 불러 줄 때 비로소 환해졌어.
 감사 그게 바로 너야.

오늘도 너를 먼저 부르며,
다다티하우스 창가에서
은주가

봄을 닮은 기억

이춘관

추운 겨울 부엌,
어머니는 뜨겁게 끓인 물을 큰 통에 받아
목욕을 시켜주셨다.
깨끗이 씻고 난 후 방바닥에 누우면
이마 위로 눈부신 아침 햇살이 내려앉았다.
그 빛은 너무나 밝고 환해서 온몸이 붕 뜬 기분이 들었다.

그때의 기억은
앞으로 나아갈 미래를 밝게 볼 수 있는 힘이 되어 주었고
큰일을 해낼 수 있을 것 같은 용기를 주었다.

답답한 가슴이 뻥 뚫리고 날숨이 편하게 나오며,
온몸에 긴장이 풀려서 몸이 가벼워진다.

따스하고 온화함이 가슴 깊이 파고든다.

감사를 느낀다.
여유롭고, 안전하며, 포근하다.
쫓기지 않는다.
서두르지 않는다.

내 마음에 피어난 빛

임미정

이른 아침, 창밖은 어둠의 장막에 덮여 고요하다. 초롱한 눈빛으로 창을 여는 순간, 인근 고층 아파트 창 너머로 형광빛이 조용히 흘러나온다. 그 불빛은 아마도 나처럼 하루를 일찍 여는 아침형 인간의 시작일 것이다. 내게도 할 일이 산더미인데, 왜 나는 그 작은 불빛 하나에 숨을 멈추고 서 있는 걸까. 들숨과 날숨 사이, 가슴 한가운데가 찌릿하게 저려오며 너를 느낀다.

사랑하는 긍정이 친구, 감사야.
너는 마음속 감정을 한 발짝 떨어져 바라볼 때 비로소 모습을 드러내는 존재지. 나 자신과 지금 이 순간의 존재를 자각하게 해주는, 현존의 거울 같은 너. '감사의 풍경'을 마주하며 너에게 편지를 쓰는 미션을 받았어. 머리에 흰 꽃이 핀 내가 처음으로 너에게 마음을 전한다. 조금은 낯설고 쑥스럽지만, 네가 언제나 내 곁에 있어 고마운 마음이 충만하다는 것을 먼저 말하고 싶구나. 열세 살의 긍정이는 흰 교복을 입은 친구를 바라보며 교사를 꿈꿨지만, 그 꿈은 어느 날 바람처럼 사라졌고 마음은 무채색으로 가라앉았다.

회색빛 무기력 속, 너는 나의 등불이었지. 긍정과 함께 건넨 응원의 손길, 토닥임 속에 한 칸씩 오르던 삶, 울퉁불퉁 돌길 같던 여정엔 어둠이 있었고, 사랑과 설렘도 피어났지. 이제 내 마음은 무지갯빛 꿈으로 물들었단다. 장석주의 시처럼, 붉어진 대추 한 알처럼, 너의 곁에서 익어간 나를 바라본다. 밝음은 어둠을 지나야 온다는 진실, 그 깨달음도 너의 선물이었다. 고마워, 나의 감사야.

고맙고, 고마운 감사야.
"꿈이 있으면 청춘이다."라는 말처럼, 나는 여전히 꿈이 솟아나는 일터에서 아이들과 숨결을 나누고 있어. 글감을 차곡차곡 모으며 하루하루를 살아간단다. 그 글감들은 내 삶의 자산이 되지. 책 100권을 쓰겠다는 버킷리스트의 완성도를 높여주는 밑거름이 되리라 믿어. 그리고 말이야, 내가 지금의 일을 내려놓고 현직에서 물러나게 되면 가장 먼저 해보고 싶은 일이 있어. 책장에 꽂혀있던 책들을 하루에 한 권씩 꺼내 읽으며 마음의 책장을 비우는 일, 그리고 남편과 함께 크루즈 여행을 떠나는 거야. 바다 위를 유영하듯 흘러가는 시간 속에서, 인생의 또 다른 장을 펼쳐보고 싶어.

내 안에 영원히 머물 감사야,

사랑둥이 손녀를 축복하며 가족과 함께 맛집을 찾아 맛있는 음식을 나누는 순간,

내 서재에서 책을 읽고 글을 쓸 수 있는 공간이 있다는 사실, 그 모든 것에 깊은 감사를 느낀다. 공동체의 일원으로서 함께 가치를 추구하며, 서로를 통해 성장하고 익어가는 여정, 하루를 시작하고 마칠 때 건강한 몸과 마주하며 두 손 모아 드리는 감사의 기도, 그리고 그 감사를 기록하는 일 역시 내 삶에서 빼놓을 수 없는 소중한 감사야.

지금 이 순간, 존재를 자각하며 오늘이라는 거울을 바라볼 수 있음에 참 좋구나.

내 마음에 피어난 너라는 빛, 고맙고 사랑한다.

환희에 가득 차

전복선

안녕,
나의 감사야.
모든 것이 평화로울 땐
너를 자주 만나러 가고 싶어져.

감정이 비틀어지면
너의 존재는 어디로 사라진 듯,
부끄럽고 못난 감정들이 울퉁불퉁 고개를 내민다.

국민학교 때 왕복 1시간을 걸어 다닌 나,
우연히 만난 옆집 아저씨의 경운기.
시간과 수고를 번,
감사 그 자체였어.

국민학교 쉬는 시간
장에 다녀오던 엄마가 운동장에 서 있는 걸 발견하고,
가슴이 콩닥콩닥,
냅다 달려가 엄마 배로 파고들었지.
엄마가 들고 있던 까만 봉지가 바닥에 떨어지면서
봉지 속 귀하디귀한 달걀 몇 개가 깨져버렸어.
그래도 날 야단치지 않던 엄마의 사랑을
찐하게 느꼈던 하루.
그저 감사했던 순간.

초록이 주는 싱그러움에 마음이 평화롭고,
매 순간 가족을 위해 애쓰는 남편에게
찐한 감사가 몰려와.
관계와 감정의 소용돌이 속에서도
새로운 아침을 맞이하고 달리는 나에게
감사를 보내고 싶어.
우주가 준 귀한 내 인생을 멋지게 디자인해서
너에게 달려갈게.
너와 함께 신록이 펼쳐진 잔디 위에서
못난 감정과 상황들을 바람에 실어

저 멀리 시원하게 보내고,
환희에 가득 차
또다시 너를 향해 갈게.

하늘을 날다,
어여쁜 잔디에 자리 잡은 감사
너는 어느새 모든 것을 담아내는구나.

동행의 열매

정미화

나의 감사야, 안녕!
나에게 행복도, 기쁨도 가득 안겨주었는데
그동안 너를 귀하게 여기지 못하고 있었네.
잠시 숨을 들이마시며 너를 느껴 봐.
네가 얼마나 나에게 만족감을 주었는지도 생각해 보게 돼.

나의 감사야!
겁 없이 이곳저곳을 뛰어다니며 놀았던 어린 시절의 나,
나를 인정해 주시던 선생님의 죽음 앞에 슬피 울던 나,
좋은 선생님이 되고 싶었던 나,
첫 딸의 출산에 행복했던 나,
아이들과 부모님에게 좋은 원장이 되고 싶었던 나.
감사야,

이때 너는 나의 무얼 보았니?

사랑하는 이들에게 마음이 먼저 가고,
나의 있는 것들을 나누어 주고 싶고,
내 통장의 잔고에 신경 쓰지 않고
사람들을 돌보고 싶었던 나.
나의 작은 돌봄들이 꽃을 피우고 열매를 맺었겠지.

나의 감사야!
지금까지 나를 응원하며, 나를 도우며,
힘이 되어 주어서 행복했어.
앞으로도 너와 좋은 파트너가 되고 싶어.
우리 함께 동행을 이어 가자.
삶의 마지막 날까지 함께 걸어가고,
나의 행복이 너의 행복이 되고,
너의 기쁨이 나의 기쁨으로 이어지는
하루하루가 되길 축복하며
그동안 고마웠어.
앞으로도 잘 부탁해.

은은한 향기를 피우는 꽃

주시연

아침에 황홀한 태양이 떠오르는 것처럼
감사의 마음이 떠오른다.
따뜻한 물에 몸을 담근 듯한 편안한 감정이
곧 감사로 바뀌었다.

동생을 낳아 달라고 떼쓰고,
유치원 가기 싫다고 울고,
놀고 싶다고 말하던 나.
그 사이에 나도 모르게 감사라는 꽃이
피어 있었을지도 모른다.
하지만 나는 만나지 못했다.
감사야, 너는 어디 있었니?
왜 그때 나는 너를 만날 수 없었던 거니?

하지만 이제야 만났다.
연필의 딱딱함이 주는 기회에 감사하다.
맛있는 음식을 먹는 나는 부모님께 감사하다.
내 곁에서 동기를 부여하고 격려해 주는
친구들에게 감사하다.
나에게 늘 좋은 감정만 가지고 오는 감사,
너에게 너 자신을 느끼게 해주고 싶어.

이른 아침,
밖에 나가 새가 지저귀는 소리를 듣고
초록 색깔 친구들 주변에 서 있는다.
나는 나의 친구들과 공통점이 있다.
그들은 각양각색으로 자라고 얼마나 클지 모른다.
나 또한 무궁한 가능성을 품고 산다.
나는 오늘도 감사함을 느낀다.

감사 씨,
앞으로도 저는 나무처럼 쑥쑥 잘 자랄 거예요.
그러니 제가 클 때 감사 씨도 쑥쑥 더 클 거라고 믿어요.
감사 씨와 함께라면 세상이 다 긍정적으로 보일 것 같아요.

앞으로도 어디에서든지 제 곁에서
은은한 향기를 피우는 꽃이 되길 바랄게요.

감사의 사계절

하영숙

　내 삶에는 봄이 있고, 여름이 있고, 가을이 있고, 겨울이 있었어. 나는 그 계절들을 지나오며 자연의 풍경 속에서 너를 만났지. 봄꽃이 수줍게 고개를 내밀 듯, 너는 내게 아름다운 시작의 설렘으로 다가왔단다. 여름 햇살처럼 생기 넘치고 상큼하게 웃으며, 나를 다시 일으켜 세우기도 했고 말이야.

　가을 단풍이 곱게 물드는 것처럼, 너는 나의 마음을 한층 깊고 그윽하게 물들였지. 그리고 겨울의 설경처럼 고요하고 고즈넉한 모습으로, 모든 것이 멈춘 순간에도 나를 품어주었어.

　부모님의 사랑을 생각할 때마다 너를 떠올려. 겨울을 견뎌낸 대지에서 피어나는 첫 꽃송이처럼, 그분들의 사랑은 모든 시작의 근원이었지. 그 사랑 위에서 자란 내 마음은 여름의 새잎처럼 싱그럽고 상큼했어. 뜨거운 태양 아래서도 푸르게 자라는 새잎처럼, 나는 그 사랑을 먹고 자라났단다.

세월이 흐르며 이해는 가을처럼 깊어졌어. 살아온 날들이 단풍잎처럼 쌓여, 이해라는 색깔로 곱게 물들어갔어. 그리고 조용히 되새기는 너의 얼굴은 겨울밤의 고요와도 닮아 있더구나. 모든 것이 잠든 그 적막 속에서, 너는 더욱 깊이 나를 감싸안아주었지.

'감사'라는 말을 영어로는 'Thank you'라고 하지. 나는 그 말의 어원을 알게 되었을 때 너를 더 깊이 이해하게 되었어. '당신을 마음속 깊이 생각하고 기억한다'는 뜻. 단순히 예의를 표현하는 말이 아니라, 영혼으로 맺은 약속이라는 것을 알게 되었어. 그래서 부모님께 드리는 나의 감사도, 마음 깊이 새기고 평생을 살아가겠다는 다짐이란다.

감사야, 너는 내 삶에 처음부터 함께였지. 내가 세상에 첫 울음을 터뜨리던 그 밤, 하늘은 밤새 울었다고 해. 아버지는 세 번째 딸의 탄생 앞에서 집 문턱을 넘지 않으셨다고도 하고. 어머니는 실망과 기쁨 사이에서 말로 다 못할 감정을 품으셨을 거야.

아마도 그런 쓸쓸한 시작 때문일까. 나는 아버지에게 인정받기 위해서가 아니라, 그저 '나 여기 있어요.' 하고 외치기 위해 애썼어. 투명인간이 되지 않기 위해, 공부라는 무기를 들고 착함이라는 갑옷을 입고 살아왔어. 말썽을 피우면 더욱 잊혀질까 두려워, 조용하지만 단단하게 자라려 힘썼지.

그렇게 세 번째 딸이라는 숙명은 내게 단순한 결핍감을 넘어, 존재를 증명하려는 간절한 마음을 심어주었어. 보이지 않는 아이가 되지 않기 위해 몸부림쳤던 그 시간들이, 지금의 나를 더 선명하고 단단하게 빚어주었음을 이제는 알아.

그리고 결혼이라는 새로운 계절을 맞았을 때, 나는 따뜻한 시부모님과 온화한 남편을 만났어. 메마른 땅에 단비가 내리듯, 그들의 사랑은 내 마음의 거친 모서리를 부드럽게 다듬어주었단다. 덕분에 나는 조금 더 성숙한 사람이 될 수 있었고, 우리 아이들도 각자의 자리에서 건강하게 자라주고 있어.

돌아보니, 세 번째 딸로 태어난 것조차 하늘이 내린 축복이었음을 깨달을 수 있었어. 비 내리는 밤에 태어난 아이답게, 나는 많은 눈물의 비를 흘렸지만 그 모든 물방울이 모여 '지금의 나'라는 강을 이루었으니까 말이야.

    너는 그 모든 눈물과 웃음을 한데 모아 우려낸 진한 차와 같아. 나는 이제 그 깊은 맛을 음미할 수 있는 사람이 되었단다.
    감사야, 나의 과거와 지금, 그리고 미래까지 네가 함께 있었음을 고백해. 세 번째 딸로 태어나 묵묵히 자라준 그 시절의 나에게 고마워. 부모님의 사랑을 인정받고 싶어 밤늦게 책상 앞에 앉아 있던 그 시절의 나에게도 고마워. 때로는 눈물 속에서도 포기하지 않았던 그때의 나에게도, 정말 고맙다.
    이제 너를 더욱 깊이 알아가는 지금의 나에게 그리고 부모님께 받은 사랑을 세상에 나누어줄 미래의 나에게도 진심으로 감사해.
    과거의 나, 지금의 나, 앞으로의 나까지 모든 시간 속에서 나와 함께 있어 준 너에게 깊이 그리고 진심으로 고개 숙여 인사할게.

    고맙습니다, 감사.

감.
춰둔 마음을 동화 속 이야기로 꺼내고

정.
성과 진심을 담아 엄마에게 시를 끄적이며

풍.
요로운 내일을 상상하며 미래일기를 쓰니

경.
쾌한 삶의 발자국을 발견하고 감사에게
편지를 남기게 되더라